BLAISE PASCAL

Do espírito geométrico e
Da arte de persuadir
e outros escritos de ciência, política e fé

OUTROS LIVROS DA **FILÔ**

FILÔ

A alma e as formas
Ensaios
Georg Lukács

A aventura da filosofia francesa no século XX
Alain Badiou

Ciência, um Monstro
Lições trentinas
Paul K. Feyerabend

Em busca do real perdido
Alain Badiou

A ideologia e a utopia
Paul Ricœur

O primado da percepção e suas consequências filosóficas
Maurice Merleau-Ponty

A teoria dos incorporais no estoicismo antigo
Émile Bréhier

A sabedoria trágica
Sobre o bom uso de Nietzsche
Michel Onfray

Se Parmênides
O tratado anônimo De Melisso Xenophane Gorgia
Barbara Cassin

A união da alma e do corpo em Malebranche, Biran e Bergson
Maurice Merleau-Ponty

FILÔAGAMBEN

Bartleby, ou da contingência
Giorgio Agamben
seguido de *Bartleby, o escrevente*
Herman Melville

A comunidade que vem
Giorgio Agamben

O homem sem conteúdo
Giorgio Agamben

Ideia da prosa
Giorgio Agamben

Introdução a Giorgio Agamben
Uma arqueologia da potência
Edgardo Castro

Meios sem fim
Notas sobre a política
Giorgio Agamben

Nudez
Giorgio Agamben

A potência do pensamento
Ensaios e conferências
Giorgio Agamben

O tempo que resta
Um comentário à *Carta aos Romanos*
Giorgio Agamben

FILÔBATAILLE

O erotismo
Georges Bataille

O culpado
Seguido de *A aleluia*
Georges Bataille

A experiência interior
Seguida de *Método de meditação* e *Postscriptum 1953*
Georges Bataille

A literatura e o mal
Georges Bataille

A parte maldita
Precedida de *A noção de dispêndio*
Georges Bataille

Teoria da religião
Seguida de *Esquema de uma história das religiões*
Georges Bataille

FILÔBENJAMIN

O anjo da história
Walter Benjamin

Baudelaire e a modernidade
Walter Benjamin

Imagens de pensamento Sobre o haxixe e outras drogas
Walter Benjamin

Origem do drama trágico alemão
Walter Benjamin

Rua de mão única Infância berlinense: 1900
Walter Benjamin

Walter Benjamin
Uma biografia
Bernd Witte

Estética e sociologia da arte
Walter Benjamin

FILÔESPINOSA

Breve tratado de Deus, do homem e do seu bem-estar
Espinosa

Espinosa subversivo e outros escritos
Antonio Negri

Princípios da filosofia cartesiana e Pensamentos metafísicos
Espinosa

A unidade do corpo e da mente
Afetos, ações e paixões em Espinosa
Chantal Jaquet

FILÔESTÉTICA

O belo autônomo
Textos clássicos de estética
Rodrigo Duarte (Org.)

O descredenciamento filosófico da arte
Arthur C. Danto

Do sublime ao trágico
Friedrich Schiller

Íon
Platão

Pensar a imagem
Emmanuel Alloa (Org.)

FILÔMARGENS

O amor impiedoso
(ou: Sobre a crença)
Slavoj Žižek

Estilo e verdade em Jacques Lacan
Gilson Iannini

Introdução a Foucault
Edgardo Castro

Kafka
Por uma literatura menor
Gilles Deleuze
Félix Guattari

Lacan, o escrito, a imagem
Jacques Aubert, François Cheng,
Jean-Claude Milner,
François Regnault, Gérard Wajcman

O sofrimento de Deus
Inversões do Apocalipse
Boris Gunjević
Slavoj Žižek

Psicanálise sem Édipo?
Uma antropologia clínica da histeria em Freud e Lacan
Philippe Van Haute
Tomas Geyskens

ANTI**FILÔ**

A Razão
Pascal Quignard

FILÔ   autêntica

BLAISE
PASCAL

Do espírito geométrico e
Da arte de persuadir
e outros escritos de ciência, política e fé

ORGANIZAÇÃO, INTRODUÇÃO, TRADUÇÃO E NOTAS Flavio Fontenelle Loque
PREFÁCIO Jean-Robert Armogathe
REVISÃO TÉCNICA Luís César Guimarães Oliva
TRADUÇÃO DAS CITAÇÕES LATINAS Fábio Fortes

Copyright © 2017 Autentica Editora

Todos os direitos reservados pela Autêntica Editora. Nenhuma parte desta publicação poderá ser reproduzida, seja por meios mecânicos, eletrônicos, seja via cópia xerográfica, sem a autorização prévia da Editora.

COORDENADOR DA COLEÇÃO FILÔ
Gilson Iannini

CONSELHO EDITORIAL
Gilson Iannini (UFOP); *Barbara Cassin* (Paris); *Carla Rodrigues* (UFRJ); *Cláudio Oliveira* (UFF); *Danilo Marcondes* (PUC-Rio); *Ernani Chaves* (UFPA); *Guilherme Castelo Branco* (UFRJ); *João Carlos Salles* (UFBA); *Monique David-Ménard* (Paris); *Olímpio Pimenta* (UFOP); *Pedro Süssekind* (UFF); *Rogério Lopes* (UFMG); *Rodrigo Duarte* (UFMG); *Romero Alves Freitas* (UFOP); *Slavoj Žižek* (Liubliana); *Vladimir Safatle* (USP)

EDITORA RESPONSÁVEL
Rejane Dias

EDITORA ASSISTENTE
Cecília Martins

REVISÃO
Miriam de Carvalho Abões

PROJETO GRÁFICO
Diogo Droschi

CAPA
Alberto Bittencourt (Sobre foto de David Monniaux de La pascaline, Blaise Pascal, 1642)

DIAGRAMAÇÃO
Larissa Carvalho Mazzoni

Dados Internacionais de Catalogação na Publicação (CIP)
(Câmara Brasileira do Livro, SP, Brasil)

Pascal, Blaise, 1623-1662.
  Do espírito geométrico e Da arte de persuadir : e outros escritos de ciência, política e fé / Blaise Pascal ; organização, introdução, tradução e notas Flavio Fontenelle Loque ; prefácio Jean-Robert Armogathe ; revisão técnica Luís César Guimarães Oliva ; tradução das citações latinas Fábio Fortes. -- 1. ed. -- Belo Horizonte : Autêntica Editora, 2017. -- (Filô)

  ISBN 978-85-513-0237-8

  1. Filosofia 2. Matemática - Filosofia 3. Raciocínio I. Loque, Flavio Fontenelle. II. Armogathe, Jean-Robert. III. Título.

17-04462   CDD-194

Índices para catálogo sistemático:
1. Filosofia francesa 194

Belo Horizonte
Rua Carlos Turner, 420
Silveira . 31140-520
Belo Horizonte . MG
Tel.: (55 31) 3465 4500
www.grupoautentica.com.br

São Paulo
Av. Paulista, 2.073 . Conjunto Nacional
Horsa I . 23º andar . Conj. 2310-2312
Cerqueira César . 01311-940 São Paulo . SP
Tel.: (55 11) 3034 4468

Sumário

07. **Prefácio: Em direção ao verdadeiro Pascal**
    Jean-Robert Armogathe
13. **Pascal: o um e o múltiplo**
    Flavio Fontenelle Loque
31. **Nota sobre a tradução e a organização**
    Flavio Fontenelle Loque
35. **Do espírito geométrico e Da arte de persuadir**
77. **Excerto de um fragmento da *Introdução à geometria***
85. **Carta ao Padre Noël**
101. **Prefácio sobre o tratado do vácuo**
113. **Carta dedicatória ao Senhor Chanceler e Aviso necessário**
131. **Carta à Sereníssima Rainha da Suécia**
139. **Três discursos sobre a condição dos grandes**
153. **Oração para pedir a Deus o bom uso das doenças**
171. **Comparação dos cristãos dos primeiros tempos com os de hoje**
181. **Escrito sobre a assinatura do formulário**

Prefácio
Em direção ao verdadeiro Pascal

Jean-Robert Armogathe[1]

Como se pode dizer acerca de um autor que ele é "verdadeiro"? Quem é o "verdadeiro Pascal"? Está na moda afirmar que não se pode conhecê-lo, que um "texto" permanece hermético para todo outro leitor, exceto para seu autor. Parece-me, entretanto, que critérios simples permitem ler um texto e compreender seu autor.

O primeiro critério é restituir o texto; eis aqui o primeiro mérito de Flavio Fontenelle Loque, o de ter recorrido, para suas traduções, à edição crítica dos escritos pascalianos estabelecida por Jean Mesnard. Depois de tantas leituras deficientes, o minucioso trabalho filológico do erudito francês permitiu conhecer o texto que o próprio Pascal escreveu. Essa é uma primeira conquista – e de monta!

O segundo mérito é fornecer, por essa escolha de escritos, um quadro autêntico de Pascal. Com efeito, dois grandes textos hoje deslumbram o leitor: as *Cartas*

---

[1] Professor emérito da École Pratique des Hautes Études.

provinciais e os *Pensamentos*, que são dois grandes clássicos da literatura francesa. Não era assim, todavia, em 1662. A "nota" que dá a conhecer o falecimento e convida a participar das exéquias menciona "o falecido Blaise Pascal, que em vida foi escudeiro",[2] e se estende longamente sobre os títulos de seu pai, o "finado Senhor Étienne Pascal, conselheiro de Estado e presidente da *Cour des Aides* de Clermont-Ferrand", e de seu cunhado Florin Périer. Esse "pobre Pascal, o jovem", como dirá o memorialista Tallemant des Réaux, era mais objeto de piedade que de admiração. Morto aos trinta e nove anos, Pascal havia sido afastado por sua frágil saúde – e por seu interesse pelas matemáticas – de uma carreira de jurista na tradição de sua família. Sabia-se que ele havia escrito alguns textos matemáticos, mas que rapidamente havia deixado de publicá-los: Christian Huygens escreve a seu irmão Louis, em 31 de agosto de 1662 (Pascal havia morrido dia 19 de agosto): "estou muito pesaroso com a morte do incomparável Senhor Pascal, embora há muito ele já estivesse morto para a geometria".[3] Ele havia participado de experiências barométricas para provar a existência do vácuo, construiu uma máquina de calcular engenhosa, mas bastante cara e

---

[2] No original, *écuyer*, que corresponde ao latim *scutarius*, como consta do epitáfio de Pascal atribuído a Proust de Chambourg por J. Mesnard (PASCAL, 1964, v. I, p. 532). Não se sabe ao certo se os avós de Pascal eram nobres, mas é certo que Étienne Pascal, pai de Blaise, sendo presidente da *Cour des Aides*, havia sido alçado à nobreza (a rigor, à pequena nobreza), o que lhe permitia portar o título de cavaleiro, com o qual às vezes se qualificava, e fazer de seu filho um escudeiro. "Outrora, os jovens da mais alta qualidade possuíam apenas o título de *escudeiro* até que fossem feitos cavaleiros com as cerimônias que se praticavam em casos desse tipo" (*Dicionário da Academia Francesa*, 4. ed., 1762). (N.T.)

[3] PASCAL, 1992, v. IV, p. 1540.

pouco difundida. Seu fervor religioso era conhecido dos amigos mais próximos; o milagre do Santo Espinho, pelo qual sua pequena sobrinha havia sido curada, tocou-o a ponto de ter adotado como carimbo um olho rodeado de raios luminosos. Contudo, o *Memorial*, que guardava a memória da noite de fogo, permanecia desconhecido escondido no forro de seu gibão, deixando seus próximos na ignorância dessa experiência desconcertante e decisiva. Sua participação nas *Cartas provinciais* ainda era anônima; a existência dos *Pensamentos* e de opúsculos maiores, ignorada. Tudo isso explica porque Nicole pôde, quinze dias depois de sua morte, exprimir do seguinte modo a avaliação comum de seus amigos: "ele será pouco conhecido na posteridade, o que nos resta de obras dele não é capaz de fazer conhecer a vasta extensão de seu espírito".[4]

É esse Pascal que a coletânea de opúsculos que o leitor tem em mãos permite conhecer, um Pascal desconhecido para a maior parte de seus contemporâneos e, entretanto, autor de escritos da maior importância em domínios variados: geometria, física, técnica, moral, política, espiritualidade, teologia cristã. Do ponto de vista cronológico, o primeiro texto, que acompanha a máquina aritmética oferecida ao chanceler Séguier, data de 1645: Pascal tinha vinte e dois anos. O texto mais tardio, o *Escrito sobre a assinatura do formulário*, é datado por Jean Mesnard do início do inverno europeu de 1661-1662: Pascal tinha trinta e nove anos e morreria durante o verão.

Todavia, essa grande diversidade de temas abordados não deve fazer perder de vista a dupla unidade que nele se encontra: a de um método e a de um estilo, de uma escrita.

---

[4] Carta de 3 de setembro de 1662 ao "Senhor de Saint-Calais" (PASCAL, 1992, v. IV, p. 1541).

Um método, primeiramente, é o que Jean Mesnard chama de universalidade.[5] É sem dúvida um ponto comum no século XVII a busca de um método válido em todos os domínios. No entanto, soluções diferentes foram propostas para o mesmo problema: considerando-se apenas Descartes e Pascal, pode-se dizer que em Descartes há um triunfo da análise. Trata-se de decompor os conhecimentos para alcançar as verdades elementares, *principia*, que permitirão extrair, por dedução, todas as outras verdades. O método de Pascal também é completamente geométrico, mas se engaja num caminho diferente. Descartes quer descobrir, Pascal quer provar: "O método de não errar é buscado por todo mundo. Os lógicos fazem profissão de a ele conduzir, somente os geômetras chegam a ele e, fora de sua ciência e do que a imita, não há verdadeiras demonstrações".[6] O método geométrico consiste, primeiramente, em colocar princípios, depois em deles deduzir as consequências, os *efeitos*. Sua aplicação na matemática é óbvia, mas sua extensão a outros domínios precisa ser justificada, como nas ciências da natureza, nas quais a experiência desempenha um papel de primeira ordem, e sobre as quais Pascal escreve: "[as experiências] são os únicos princípios da física".[7] Como explicar essa aparente contradição? A experiência autoriza uma hipótese da qual ela aparecerá como uma consequência.

Ainda como observa Jean Mesnard,[8] a experiência se estende para bem além da ciência. Ela toca o domínio

---

[5] MESNARD, J. Universalité de Pascal. In: MESNARD, J. (Ed.). *Méthodes chez Pascal*. Paris: PUF, 1979. p. 335-356.

[6] *Do espírito geométrico*, p. 74 do presente livro.

[7] *Prefácio sobre o tratado do vácuo*, p. 108 do presente livro.

[8] MESNARD, J. Universalité de Pascal. In: MESNARD, J. (Ed.). *Méthodes chez Pascal*. Paris: PUF, 1979. p. 341.

do religioso (no qual a revelação, nova forma de experiência, fornece o critério de verdade). Ela também serve para persuadir, como lembra o início da *Carta ao Padre Noël*: "deixai-me vos relatar uma regra universal que aplico em todos os assuntos particulares em que se trata de reconhecer a verdade".[9] A reunião dos textos que o leitor tem em mãos permite compreender essa unidade de método em domínios variados.

A outra unidade é a do estilo – e, todavia, ainda aqui, os textos reunidos são de gêneros literários bem diferentes: tratados científicos, reflexões morais, opúsculos espirituais, texto polêmico e até o gênero epistolar. O estilo de Pascal foi caracterizado com muita precisão por Marc Fumaroli[10]: trata-se da eloquência galicana e, mais precisamente, da eloquência da advocacia que Pascal havia aprendido de seu meio familiar. Isso não é fácil de verter numa tradução, mas a perícia de Flavio Fontenelle Loque com a língua francesa do século XVII lhe permite traduzir em português as mais difíceis expressões – e as mais características – do estilo pascaliano.

Esse livro que o leitor tem em mãos é, portanto, mais do que uma simples tradução de textos – alguns inéditos – para o português: a escolha dos textos é determinante para complementar o conhecimento de Pascal para além de seus dois principais escritos; a qualidade do estilo restitui o que havia de original na escrita de Pascal. Dar a conhecer desse modo o "verdadeiro Pascal" constitui uma dupla conquista que convém saudar com respeito e simpatia.

---

[9] *Carta ao Padre Noël*, p. 88-89 do presente livro.
[10] FUMAROLI, M. Pascal et la tradition rhétorique gallicane. In: MESNARD, J. (Ed.). *Méthodes chez Pascal*. Paris: PUF, 1979. p. 359-372.

Pascal: o um e o múltiplo

Flavio Fontenelle Loque

A muitos causa surpresa saber que Pascal morreu aos trinta e nove anos. Trinta e nove anos e dois meses, para ser exato. De pesquisas sobre o vácuo à polêmica religiosa, da invenção da máquina de calcular à de circuitos de transporte público, sua obra é admirável pela variedade e consistência, e o é ainda mais por ter-se construído em período tão curto. Não é casual, portanto, que o adjetivo *gênio* frequentemente seja associado a seu nome, mesmo quando a ele não se atribuem os episódios idealizantes que se encontram em *La vie de Monsieur Pascal* [A vida de Pascal] de autoria de sua irmã, Gilberte Périer, e sobretudo nas *Mémoire sur Pascal et sa famille* [Memórias sobre Pascal e sua família], composta por sua sobrinha Marguerite Périer, como o de que, aos doze anos, teria descoberto a trigésima segunda proposição do primeiro livro dos *Elementos* de Euclides sem nunca antes ter estudado matemática. Ainda em vida, Pascal alcançou o reconhecimento tanto dos círculos científicos quanto de figuras importantes de Port-Royal. Isso para não mencionar a publicação anônima das *Cartas provinciais*, feitas em parceria com Arnauld e Nicole, que obtiveram enorme repercussão, e o desenvolvimento da máquina de calcular, que não lhe rendeu a riqueza que esperava, mas lhe trouxe uma fama considerável quando ainda mal passara dos vinte anos de idade. Por tudo isso, o fulgor de sua inteligência não pode ser posto em xeque, mas convém notar que sua notoriedade de fato consolidou-se apenas à medida que publicações póstumas deram a conhecer seus escritos. No dia de sua morte, cerca de dois terços do que escreveu permanecia inédito.

Entretanto, dada a amplitude de sua obra, assim como as reviravoltas em sua vida privada, é extremamente difícil elaborar uma imagem de Pascal que dê conta de todas as nuances de seu pensamento e de sua biografia. Gilberte Périer, por exemplo, pinta seu irmão como um homem de grande força de espírito que, a partir de 1647, aos vinte e quatro anos, abandonou as "ciências humanas" para voltar-se a uma piedade centrada em duas máximas de renúncia: aos prazeres e ao supérfluo. É notório o tom edificante de *La vie de Monsieur Pascal* (de suas duas versões, deve-se dizer) a ponto de, em alguns momentos, soar como uma hagiografia. Quem era de fato, porém, esse homem reconhecido pelos especialistas dos círculos científicos, admirado por religiosos com quem conviveu? De que modo é possível avaliar sua trajetória filosófica? Qual o papel da religião em sua vida? Como, enfim, mesmo que em linhas gerais, é possível caracterizar sua obra?

Afora os anos de nascimento e morte, 1623 e 1662, é preciso ter em mente algumas outras datas para que se possa compreender o desenrolar da vida e da reflexão de Pascal. Em primeiro lugar, o ano de 1646, no qual ocorre a chamada "primeira conversão". A família Pascal era católica, disso não resta dúvida, mas, a partir de 1646, sob a influência dos irmãos Deschamps, que cuidaram de Étienne Pascal após um acidente, todos desenvolveram uma forma mais fervorosa de religiosidade associada ao jansenismo ou, de modo mais específico, ao pensamento de Saint-Cyran. Pouco tempo depois, possivelmente a partir de 1647, quando Pascal volta a morar em Paris com Étienne e Jacqueline, seu pai e a irmã caçula (sua irmã mais velha, Gilberte, já se casara há alguns anos com Florin Périer; sua mãe, Antoinette Begon, morrera precocemente nos idos de 1626), inicia-se o "período mundano", no qual Pascal dedica-se enormemente às ciências e revela uma aspiração à fama. É nesse período, por exemplo, que muitas de suas pesquisas em física se desenvolvem. Todavia, com o decorrer dos anos, o impulso religioso de Pascal volta a ganhar força a ponto de culminar, na noite de 23 de novembro de 1654, numa experiência mística, por assim dizer. Trata-se do êxtase religioso, registrado no *Memorial*, que o conduziu a um retiro em Port-Royal-des-Champs em janeiro de 1655, retiro do qual resultou a *Conversa com o Senhor de Sacy sobre Epiteto e Montaigne*, publicada décadas mais tarde. Os anos que se seguiram àquela noite marcante na vida de Pascal foram, de fato, muito voltados para a vida espiritual, especialmente a partir de 1659, quando seu estado de saúde se deteriora. É nesse último período de sua vida, iniciado em 1654 com a "segunda conversão", que se encontram as *Cartas provinciais* (1656-1657) e o projeto dos *Pensamentos*, cuja primeira publicação data de 1670; ao mesmo tempo, é também nesse período que se realiza o importante estudo sobre a cicloide, datado de

1658, que desembocou no concurso sobre a roleta, o que comprova que Pascal nunca se afastou completamente das ciências.

Ponto inconteste quando se estuda Pascal, a religião cristã desempenha um papel central em sua biografia. No entanto, é preciso reconhecer que nem todas as suas obras se voltam especificamente para o cristianismo, como é o caso, notadamente, da matemática. Nesse campo, pode-se dizer que a reflexão pascaliana divide-se em três momentos (as cônicas, o triângulo aritmético e a cicloide) e ainda num quarto, de natureza prática ou aplicada, relativo à elaboração da máquina de calcular, concebida em 1642. Os escritos referentes à máquina aritmética são bastante interessantes porque revelam uma faceta de Pascal muitas vezes pouco conhecida: a de um homem interessado na fama e que, na *Carta à Sereníssima Rainha da Suécia*, fala em poder e conhecimento sem alusão a qualquer ordem superior, ao contrário do que ocorre no terceiro dos *Três discursos sobre a condição dos grandes* ou no célebre fragmento das três ordens (La 308, Br 793, Sel 339), nos quais a ordem da caridade é mencionada com todas as letras. O Pascal desse período é um mundano que parece almejar apenas o reconhecimento de seu gênio e o enriquecimento graças à sua invenção. A *Carta dedicatória ao Senhor Chanceler* e o *Aviso necessário*, publicados em 1645, destacam-se ainda por serem plenamente acessíveis (nada de detalhes técnicos abstrusos ou cansativos) e constituírem-se numa peça de propaganda erudita. Se fosse o caso de usar uma categoria cara a Montaigne, talvez se pudesse dizer que aí se encontra um Pascal pretensioso e plenamente orgulhoso de si.

Também datam do período mundano os principais escritos pascalianos sobre física, os quais recobrem um arco temporal que se estende, no mínimo, de 1647, com a publicação das *Novas experiências sobre o vácuo*, a 1654, quando do término da redação dos *Tratados do equilíbrio dos líquidos e do peso da massa de ar*, publicados postumamente em 1663. Toda essa reflexão tem como ponto de partida o célebre experimento de Torricelli, que foi divulgado na França por Mersenne. Afora as discussões estritamente físicas acerca do vácuo e do peso da massa de ar (são esses os dois pontos centrais do debate), há aí desdobramentos filosóficos muito importantes sobre a relação entre ciência e religião e sobre metodologia.

Embora anunciado nas *Novas experiências sobre o vácuo*, do *Tratado do vácuo* projetado por Pascal há apenas fragmentos e um prefácio. Lacunar, talvez em razão da precariedade da cópia a partir da qual foi transcrito, o *Prefácio sobre o tratado do vácuo* empreende uma distinção fundamental ao opor as disciplinas históricas e a teologia àquelas que dependem da experiência e do raciocínio. Do ponto de vista pascaliano, não há espaço para inovações nas disciplinas histórias e, em especial, na teologia, cuja autoridade reside nos livros que contêm o que se pode saber sobre elas: todo conhecimento encontra-se circunscrito no que foi legado pelos autores do passado, nada havendo de novo, pois, a descobrir. No caso da fé, de modo mais específico, cujos princípios estão na Escritura, mas ultrapassam a razão, Pascal considera que a possibilidade de abarcá-la depende de uma força sobrenatural. Note-se, portanto, a afirmação inconteste de uma separação entre razão e fé, a constituição de um domínio inacessível sem a ajuda da graça. Contudo, quando se trata de pensar as disciplinas que compõem o domínio da razão e da experiência, sendo elas "proporcionais ao alcance do espírito", como diz o próprio Pascal, o ser humano tem plena liberdade para realizar suas descobertas e desenvolvê-las tanto quanto possível. Aliás, a crítica de Pascal no *Prefácio* recai justamente sobre a inversão de ordens, voltando-se, por um lado, aos que, em física, devotam-se aos antigos como se eles constituíssem uma autoridade legítima e, por outro, àqueles que, em teologia, ousam propor novidades. Sendo assim, pode-se compreender com clareza que os princípios da física não foram estabelecidos definitivamente pelos antigos pela simples razão de que chegaram a eles a partir das experiências limitadas de que dispunham, isto é, do que foram capazes, naquela época, de perceber na natureza. Caso dispusessem de outras experiências, certamente teriam formulado princípios diferentes. Esta é a situação dos físicos de seu tempo, pensa Pascal: perante experiências desconhecidas dos antigos, eles podem rever e aprimorar a herança da antiguidade, como o princípio de que a natureza tem horror ao vácuo. O argumento pascaliano central é simples e incontestável: os antigos extraíram suas conclusões das experiências de que dispunham, mas pode muito bem haver uma experiência – e basta uma única – que eles não conheciam e que inviabiliza a conclusão que haviam alcançado. O experimento de Torricelli enquadra-se nessa categoria e essa é a razão pela qual é possível afirmar o contrário dos antigos, sem contradizê-los, como consta da conclusão do *Prefácio*. A natureza nunca se revela completamente, de uma vez por todas; por causa disso, à medida que novas experiências se apresentam, devem-se rever as conclusões até então estabelecidas.

Resposta às objeções que foram apresentadas às *Novas experiências sobre o vácuo* por Étienne Noël, padre jesuíta, antigo professor de Descartes em La Flèche, a *Carta ao Padre Noël* explica de maneira mais desenvolvida o que o *Prefácio* expõe sinteticamente. Seu valor é eminentemente metodológico. Pascal inicia-a apresentando uma "regra universal": para se determinar a verdade de uma proposição, é preciso que ela satisfaça a uma de duas condições: (i) que seja clara e distinta, constituindo assim os chamados princípios ou axiomas, ou (ii) que seja necessariamente deduzida dos princípios ou axiomas. Tudo o mais é inevitavelmente duvidoso, incerto. Estabelecida essa regra, Pascal então refuta o primeiro argumento do Padre Noël, que se baseava em definições de espaço vazio, luz e movimento que não eram nem claras nem distintas: se não há certeza do que essas coisas são, não se pode extrair com segurança nenhuma conclusão a partir delas; noutras palavras, não havendo certeza sobre essas coisas, é possível adotar definições variadas e, assim, chegar a diferentes conclusões. Em seguida, Pascal questiona a noção de corpo apresentada por seu adversário, que o entende como uma espécie de matéria ígnea, mais sutil que o ar, que atravessa os poros do vidro do tubo, ocupando o espaço deixado pela coluna de mercúrio. Como comprovar a existência dessa matéria, se não pode ser vista, ouvida, nem tocada, se não se mostra, enfim, a nenhum sentido? Ademais, afirma Pascal, o fato de uma hipótese não ser contradita pela experiência (alegação feita pelo Padre Noël em sua defesa) não significa que ela seja verdadeira, mas verossímil, no máximo. Acontece, porém, que a hipótese da matéria ígnea sequer pode ser considerada condizente com as experiências, o que a torna pura e simplesmente falsa. No final da *Carta*, Pascal elabora ainda outras críticas ao Padre Noël, mas sem introduzir nenhuma novidade ao modo como raciocina: em física, tal como em matemática, o raciocínio se faz a partir de princípios, cuja falsidade é demonstrada quando são contraditos pela experiência. Como afirma J. Mesnard em sua introdução à edição crítica dos *Tratados do equilíbrio dos líquidos e do peso da massa de ar*, o método de Pascal é sintético e dedutivo.

No entanto, é numa obra posterior à "segunda conversão", composta por dois longos e famosos fragmentos: *Do espírito geométrico* e *Da arte de persuadir*, que esse método de raciocinar explicita-se. Muitas vezes comparada ao *Discurso do método*, de Descartes, e ao ensaio *Da arte da conversação*, de Montaigne, essa obra de Pascal obteve sua primeira publicação integral apenas no século XIX, mas sua influência já se fazia sentir bem antes, como se comprova na quarta parte, capítulo onze, de *La logique ou l'art de penser* [*A lógica ou a arte de pensar*], em que Arnauld e Nicole praticamente copiam algumas passagens do *Da arte de persuadir*.

Em linhas gerais, o método proposto por Pascal no *Do espírito geométrico* está centrado na noção de demonstração. Como é anunciado logo nos dois primeiros parágrafos, trata-se de abordar o modo de demonstrar a verdade e de discerni-la do falso. Pascal fala da existência de uma "verdadeira ordem" que consistiria em tudo definir e em tudo provar, mas reconhece que ela é inatingível. O método geométrico encontra-se no meio termo entre essa pretensão inexequível e a desistência de fornecer quaisquer definições e provas. Os fundamentos dessa ordem mediana, suas definições e princípios, são aceitos a partir da luz natural, da constatação de sua evidência. Eles são, portanto, verdadeiros, certos, indubitáveis, como parece ilustrar o *Excerto de um fragmento da introdução à geometria*. A tarefa de definir e provar cabe apenas ao que não é naturalmente claro e requer o uso do discurso. Que sentido pode haver em provar o que é evidente, definir o óbvio? Pascal distingue ainda dois tipos de definição, definições de nome e de coisa, ressaltando que a pretensão essencialista desse segundo tipo faz com que elas não sejam propriamente *definições* de coisa, mas *proposições* que carecem de demonstração. Uma definição de nome, por sua vez, é apenas uma conceituação arbitrária cuja finalidade é tornar o raciocínio mais simples, condensando o conceito numa palavra. Dizer "par" é mais econômico do que dizer "todo número divisível por dois por igual". Outro aspecto a destacar do *Do espírito geométrico* é a discussão que nele se faz sobre o infinito, discussão com a qual o fragmento se encerra. Essa questão se coloca por causa do problema da divisibilidade infinita do espaço, que algumas pessoas (Pascal não dá nomes) consideram inconcebível. A prova da divisibilidade infinita do espaço é indireta, se faz pela demonstração da falsidade que decorreria da tese contrária, o que é um procedimento elementar da matemática, a chamada redução ao absurdo. Todavia, Pascal reconhece que a divisibilidade infinita do espaço, de fato, é incompreensível, mas que deve ser aceita, dado que seu contrário é "manifestamente falso". O incompreensível pode ser verdadeiro. Afinal, por que a verdade deveria ser pautada pela medida da compreensão humana?

Esse modo de raciocinar também se encontra na apologética pascaliana, notadamente na defesa de que apenas o cristianismo (em particular, a doutrina da Queda) explica as chamadas contrariedades da condição humana: "Certamente, nada nos choca mais rudemente do que essa doutrina. E, entretanto, sem esse mistério, o mais incompreensível de todos, somos incompreensíveis a nós mesmos" (La 131, Br 434, Sel 164). Mais uma vez, como ocorrera na matemática, não importa que o princípio seja incompreensível; o que importa é seu poder heurístico.

Lebrun, em seu belo *Pascal. Voltas, desvios e reviravoltas*, afirma que esse modo de raciocinar – que daria unidade ao pensamento de Pascal – corresponde ao que se denomina razão dos efeitos. Seja como for, especificamente no *Do espírito geométrico*, o objetivo de Pascal em demonstrar a infinitude da divisibilidade do espaço é antes assegurar a existência dos dois infinitos, de grandeza e pequenez, tão presentes em sua reflexão como um todo, além de garantir a correspondência entre as noções de espaço, tempo, movimento e número, fundamentos da ordem geométrica. Ainda no *Do espírito geométrico*, Pascal afirma que, a partir da consideração dos dois infinitos, é possível "admirar a grandeza da natureza nessa dupla infinidade que nos circunda por todos os lados e [...] aprender a se estimar em seu justo valor e formar reflexões que valem mais do que todo o resto da geometria", uma observação que, nos *Pensamentos*, adquirirá um tom dramático.

Da arte de persuadir tem vários pontos em comum com o *Do espírito geométrico*, mas está voltado, como indica o título, não propriamente para as demonstrações, mas para a persuasão. O intuito de Pascal é explicar como se forma a crença e é por isso que ele abre o fragmento dizendo que a alma possui duas entradas para as opiniões: entendimento e vontade. Persuadir, por conseguinte, implica ao mesmo tempo convencer e agradar, tarefa nada fácil, já que os objetos de prazer das pessoas (e mesmo os de uma única pessoa) são extremamente variáveis. Se a crença se estabelece, seja por prova, seja por agrado, é certo que a persuasão deve conjugar esses dois móbiles, mas quem há de ter a capacidade de reuni-los? Reconhecendo a dificuldade em estabelecer os princípios referentes ao prazer, Pascal restringe sua reflexão ao convencimento e apresenta as regras que devem ser seguidas para esse fim.

É nesse ponto que *Da arte de persuadir* e *Do espírito geométrico* se aproximam, embora mantenham uma diferença crucial: no que tange ao convencimento, não é preciso que os axiomas sejam verdadeiros, basta que sejam acordados: "assim que são admitidos, [os axiomas] são tão potentes, embora falsos, para conduzir à crença, quanto os mais verdadeiros". Para que o convencimento se dê, interessa apenas que a relação entre as consequências e os princípios admitidos seja necessária, que se perceba claramente o vínculo entre premissas e conclusão. Entretanto, ao anunciar o método que propõe, Pascal acaba por elaborar o que chama de provas metódicas perfeitas (note-se: "perfeitas"), as quais se resumem ao seguinte: definições claras, princípios ou axiomas evidentes, substituição dos definidos pelas definições a fim de evitar equívocos. É dessa perspectiva que são enumeradas as regras para as definições, para os axiomas e para as demonstrações. Ao dispô-las, Pascal aparentemente preserva o ponto de vista retórico, que requer o consentimento do interlocutor aos axiomas e a cada passo do raciocínio, mas retoma a visada geométrica, para a qual é preciso ainda que os axiomas, assim como as definições, sejam evidentes. Não fosse assim, talvez não se pudesse falar da perfeição das provas metódicas. Por fim, Pascal antecipa três objeções que lhe podem ser feitas, mas responde efetivamente apenas à primeira, a de que o método por ele desenvolvido não tem nada de novo. Se os lógicos já haviam proposto esse método, responde Pascal, eles não o fizeram de maneira clara, tendo constituído um conjunto tão amplo de regras que nele incluíram algumas inúteis e outras falsas. Nesse caso, a abundância é um demérito: não adianta apresentar uma pletora de caminhos possíveis, cumpre especificar qual deles é preciso tomar, coisa que apenas a geometria realiza. O fato de terem apresentado as regras não implica que tenham atribuído a elas o mesmo significado, como exemplifica Pascal ao citar Agostinho e Descartes, referindo-se ao *cogito* e à distinção entre matéria e pensamento.

Os anos que se seguiram à "segunda conversão" não foram, como se pode perceber, dedicados exclusivamente à vida espiritual. Do ponto de vista filosófico, esse talvez tenha sido o período mais profícuo da reflexão pascaliana. Contudo, é inegável a presença da religião, que aparece, por exemplo, entremeada ao método geométrico tanto pela demarcação dos domínios da racionalidade e da fé quanto pela meditação acerca dos dois infinitos (em Pascal, filosofia e religião nunca estão completamente separadas). Outras obras, porém, concederão ao cristianismo um lugar de destaque, caso da já citada *Conversa com o Senhor de Sacy sobre Epiteto e Montaigne* e, obviamente, dos *Pensamentos*, que se enquadram no gênero apologético. Acontece que os escritos pascalianos que abordam o cristianismo de uma maneira mais direta, por assim dizer, não se resumem à apologética. Existem obras com viés político, espiritual, histórico e polêmico.

Nesse sentido, cabe destacar inicialmente os *Três discursos sobre a condição dos grandes*, fruto de conferências dadas por Pascal, cuja motivação básica é a educação de um nobre. Classificada como uma obra política por voltar-se à formação de um príncipe ou, no mínimo, de alguém de grande condição, os três discursos são, no entanto, uma exortação ao conhecimento de si. O primeiro deles aborda a igualdade natural entre todas as pessoas, grandes ou não, enfatizando o que há de fortuito no nascimento e na riqueza: ninguém é, naturalmente, duque ou barqueiro. Ser nobre ou plebeu não é um traço da condição humana, mas da organização social, sendo o acaso, em última instância, o responsável pela posição que cada um ocupa. Disso se segue que os homens de condição devem ter consigo um pensamento duplo: intimamente, reconhecer a igualdade humana natural; exteriormente, agir conforme a própria posição. No segundo discurso, Pascal desenvolve essa polaridade ao afirmar que há dois tipos de deferência: a estima, referente às grandezas naturais (virtude, força, acuidade de espírito, dentre outras); as cerimônias, às grandezas de estabelecimento, como a *Carta à Sereníssima Rainha da Suécia* muito bem exemplifica. A inversão dessas ordens constitui a injustiça, quando, por exemplo, exige-se que se estime um duque pelo simples fato de ser duque ou que se preste cerimônias a um homem honrado apenas por sua honradez. Vale notar que as deferências relativas às grandezas de estabelecimento decorrem de uma convenção social que, uma vez instaurada, deve ser seguida. Rompê-la é também cometer injustiça. O terceiro discurso, por fim, ensina ao príncipe o contraste entre concupiscência e caridade, indicando o quanto essa última ordem é superior e, assim, completando o quadro a partir do qual ele deve pensar sua condição e suas ações como agente político. A caridade instaura na política uma abertura para Deus.

O reconhecimento teórico dessa dimensão superior, claramente feito quando se afirma a existência da ordem da caridade, encontra ainda nos escritos pascalianos outras ocorrências, algumas das quais de natureza existencial, por assim dizer. Esse é o caso do *Memorial*, mas também da *Oração para pedir a Deus o bom uso das doenças*. Escrita provavelmente em 1660, quando do agravamento do estado de saúde de Pascal, a *Oração* é uma obra que congrega arrependimento e esperança. Lamentando o mau uso que fizera de sua saúde, Pascal concebe a doença que o acomete como uma oportunidade de compartilhar do sofrimento do Cristo e, desse modo, pôr-se no caminho da salvação, consumar sua conversão. O contraste entre criatura e criador é acentuado a todo tempo, donde a centralidade da figura do Mediador, a quem Pascal passa a se dirigir a certa altura da *Oração*. Obra espiritual de primeira grandeza, essa prece íntima é ao mesmo tempo uma reflexão sobre a condição humana, que se encontra dividida entre os prazeres profanos e a glória divina. Em suma, converter-se é aniquilar-se, como consta expressamente de um fragmento lapidar dos *Pensamentos* acerca da verdadeira conversão (La 378, Br 470, Sel 410). Num momento de nítida contrição, Pascal chega a admitir que acreditava serem felizes as pessoas que gozavam "de uma fortuna avantajada, de uma reputação gloriosa e de uma saúde robusta" (*Oração*, § IX). Poderia haver melhor síntese dos ideais mundanos? A doença é, pois, uma chance de retificar a vida sem tombar no desespero, porque o sofrimento do corpo e da alma é acompanhado pela consolação divina.

A *Comparação dos cristãos dos primeiros tempos com os de hoje* confronta os cristãos do passado com os do presente à luz do batismo. No passado, os cristãos precisavam se instruir antes de serem batizados; agora, o batismo antecede a instrução, que acaba sendo negligenciada. A dicotomia radical entre Igreja e mundo não é menor hoje do que foi antes, motivo pelo qual o espírito da Igreja permanece o mesmo. O que mudou foi sua conduta, a realização do batismo na tenra infância, justificada para que as crianças se livrem precocemente da maldição de Adão. O lamentável é que os cristãos do presente não conseguem dimensionar o valor do segundo nascimento que lhes é concedido e se mostram menos fervorosos e mais propensos a decair quando comparados a seus irmãos de outrora. Ao invés de agradecerem pelo auxílio recebido antes mesmo que o pudessem pedir, os cristãos do presente chegam a testemunhar ingratidão por essa graça, pensa Pascal. À Igreja nada mais resta senão continuar acolhendo-os, mesmo que isso implique admitir em seu seio os vícios do mundo. Escrito de fé como a *Oração*, a *Comparação* tem um tom histórico, mas é, no fundo, uma admoestação.

Já o *Escrito sobre a assinatura do formulário*, que também se enquadra na ampla categoria de escritos de fé, é um texto polêmico pertencente ao intrincado debate acerca das chamadas cinco proposições de Cornélio Jansênio. Publicado em 1640, o *Augustinus*, de Jansênio, foi alvo de um confronto entre jansenistas e jesuítas que culminou na exigência de assinatura de um documento, chamado formulário, que condenava as proposições julgadas heréticas. Evidentemente, os jansenistas não desejavam assiná-lo e relutaram tanto quanto puderam. Uma das estratégias adotadas foi estabelecer a diferença entre fato e direito, alegando que as proposições eram de direito condenáveis, mas que, de fato, não se encontravam em Jansênio. No entanto, instituída a obrigação de assinar o formulário, os jansenistas resolveram lhe acrescentar, à mão, uma pequena declaração, cujo conteúdo viria a acirrar ainda mais o embate sobre as proposições. É nesse momento que ocorre uma discordância entre Pascal e Domat, por um lado, Arnauld e Nicole, por outro. Pascal considerava que era preciso atestar claramente que não se aderia ao fato, mas a declaração que vingou, feita por Arnauld e a irmã Angélique de Saint-Jean, não o fazia de modo explícito. Pouco tempo depois, foi instituída uma nova ordem de assinatura, desta vez sem a possibilidade de acrescentar ao formulário qualquer ressalva. O *Escrito* contém a argumentação de Pascal em prol da necessidade de se afirmar expressamente que não se consente ao fato. Nele não há menção nominal de nenhum de seus correligionários jansenistas, mas nota-se perfeitamente a crítica à via média defendida por Arnauld e Nicole. Num certo sentido, tal como se percebe na *Comparação*, Pascal parece revelar aqui o fervor (a intransigência?) de sua fé, ao menos como a viveu no final de sua vida.

Feito esse percurso sobre a vida e obra pascaliana, ainda que em linhas gerais, é perceptível a amplitude de seus escritos e as reviravoltas em sua biografia. Considerá-lo, portanto, apenas um apologeta é assumir uma caricatura decalcada dos *Pensamentos*, sua obra mais conhecida. Se a dimensão apologética realmente está presente em sua reflexão, ela por certo não a esgota, ao menos de um ponto de vista temático. No entanto, mais do que perceber a riqueza e variedade das obras de Pascal, o desafio é tentar descobrir se sua reflexão possui uma unidade metodológica. J. Mesnard avalia essa hipótese na conferência *Universalidade de Pascal* sem chegar a uma conclusão definitiva: haveria uma unidade dada pelo método geométrico, quem sabe pela chamada razão dos efeitos, como se apontou anteriormente? Em Pascal, a apreensão da totalidade seria mesmo possível? Questão difícil de responder por dois grandes motivos: por um lado, porque a dedução, forma de raciocínio tipicamente matemática, de fato parece percorrer toda a reflexão pascaliana; por outro, porque Pascal concebe a realidade dividida em diferentes ordens, o que talvez implique a inexistência de um único método capaz de perpassá-las.

Profundamente envolto nas maiores questões do seu tempo, entre as quais o problema do método, Pascal a elas se dedicou com a mesma paixão com que vivenciava seus dilemas pessoais. Alguns de seus problemas de saúde, por exemplo, decorreram do empenho ao trabalho, apontam seus biógrafos. Sua característica mais marcante é ter sido um homem ambicioso e angustiado, cingido entre as pretensões mundanas e a busca espiritual. Em sua vida, talvez ao contrário do que ocorra em seu pensamento, não há unidade, exceto a que advém do conflito. Nobre por herança paterna, Pascal possuía o título de escudeiro com o qual foi identificado logo após sua morte. Grande ironia, a julgar que sua grandeza era de outra ordem.

Belo Horizonte, abril de 2015.

Referências

ARNAULD, A.; NICOLE, P. *La logique ou l'art de penser*. Paris: Flammarion, 1970.

ATTALI, J. *Blaise Pascal ou o gênio francês*. Tradução de Ivone Castilho Benedetti. Bauru: EDUSC, 2003.

BOUCHILLOUX, H. *Pascal – la force de la raison*. Paris: PUF, 2004.

CARRAUD, V. *Pascal et la Philosophie*. Seconde édition revue et corrigée. Paris: PUF, 2007.

GOUHIER, H. *Blaise Pascal. Commentaires*. 3. ed. Paris: Vrin, 1984.

GOUHIER, H. *Blaise Pascal: conversão e apologética*. Tradução de Ericka Marie Itokazu e Homero Santiago. São Paulo: Discurso Editorial, 2005.

KOYRÉ, A. Pascal Sábio. In: *Estudos de História do Pensamento Científico*. Tradução de Márcio Ramalho. 3. ed. Rio de Janeiro: Forense, 2011. p. 385-413.

LEBRUN, G. *Blaise Pascal, voltas, desvios e reviravoltas*. Tradução de Luiz Roberto Salinas Fortes. São Paulo: Brasiliense, 1983.

MESNARD, J. *Pascal – l'homme et l'œuvre*. Nouvelle édition, revue et corrigée. Paris: Hatier, 1962.

MESNARD, J. Universalité de Pascal. In: MESNARD, J. (Ed.). *Méthodes chez Pascal*. Paris: PUF, 1979. p. 335-356.

PASCAL, B. *Conversa com o Senhor de Sacy sobre Epiteto e Montaigne e outros escritos*. Organização, introdução, tradução e notas de Flavio Fontenelle Loque. São Paulo: Alameda, 2014.

PASCAL, B. *Œuvres Complètes*. Texte établi, présenté et annoté par J. Mesnard. Paris: Desclée de Brouwer, 1964, v. I; 1970, v. II; 1991, v. III; 1992, v. IV.

PÉRIER, G. *La vie de Monsieur Pascal*. Texte établi, présenté et annoté par J. Mesnard. In: PASCAL, B. *Œuvres Complètes*. Paris: Desclée de Brouwer, 1964, v. I.

PÉRIER, M. *Mémoire sur Pascal et sa famille*. Texte établi, présenté et annoté par J. Mesnard. In: PASCAL, B. *Œuvres Complètes*. Paris: Desclée de Brouwer, 1964, v. I.

SAITO, F. *As experiências relativas ao vazio de Blaise Pascal*. São Paulo: Livraria da Física, 2014.

SERRES, M. *Le système de Leibniz et ses modèles mathématiques*. Paris: PUF, 1968.

Nota sobre a tradução e a organização

Flavio Fontenelle Loque

O texto de referência de todos os opúsculos traduzidos aqui é o que se encontra nas *Œuvres Complètes* de Pascal editadas por Jean Mesnard. Há outras edições das obras de Pascal, algumas bastante citadas, como a publicada pela Seuil na coleção *L'Intégrale*. Acredito, porém, que o estudo realizado por J. Mesnard ainda representa o maior e melhor esforço de estabelecimento dos textos pascalianos. Por causa disso, inevitavelmente encontram-se diferenças entre essas traduções e outras já existentes, diferenças que ora limitam-se à escolha de lições, ora representam alterações maiores na estrutura dos próprios textos, cujo inacabamento, em alguns casos, se revela não apenas sob a forma de lacunas, mas também de passagens truncadas e aparentes falhas de estilo. Pelo que me consta, nenhuma das traduções em língua portuguesa até hoje publicadas se baseou na edição de J. Mesnard. Seja como for, consultei todas a que tive acesso, valendo-me delas para – assim espero – evitar erros que, de outro modo, teria cometido. Quem se aventurou pela leitura de Pascal no original sabe o quanto seu francês é difícil. As notas de rodapé também se baseiam, em grande parte, nas observações de J. Mesnard. Elas buscam esclarecer algumas das referências feitas por Pascal ou apontar detalhes relativos ao estabelecimento dos textos. Para cada um dos opúsculos, anteposto à tradução, redigi ainda um pequeno comentário acerca de sua datação e história.

Quanto à organização dos opúsculos, que não segue a ordem cronológica, cabe dizer que os dispus de um ponto de vista temático: num primeiro bloco, a questão do método, partindo da geometria e chegando à física; num segundo, a oposição entre ciência e poder, as pretensões mundanas de Pascal; num terceiro, o tema da política e da moral; por fim, a religião tratada sob três perspectivas: espiritualidade, teologia e polêmica. Penso que, dada essa amplitude de temas, além de outros tópicos importantes que não mencionei aqui, mas que se encontram presentes nos opúsculos selecionados, fica claro que o objetivo da coletânea é fornecer de Pascal uma imagem mais complexa e, por isso, mais genuína.

* * *

Este livro nasceu de uma proposta do Luís César Oliva, ocorrida numa conversa casual na cantina da Faculdade de Filosofia e Ciências Humanas da Universidade Federal de Minas Gerais (UFMG) nos idos de 2012, mas os agradecimentos que lhe faço devem-se também ao trabalho de revisão técnica que contribuiu bastante para minha compreensão do texto pascaliano. Agradeço ainda ao José Raimundo Maia Neto, que há anos acompanha meu trabalho para muito além do que cabe a um orientador e que, mais uma vez, dispôs-se a ler e comentar minhas traduções. Ao Jean-Robert Armogathe, agradeço o prefácio, certamente escrito com a mesma generosidade com que me acolheu em Paris e me abriu as portas da Biblioteca Nacional da França. Ao Fábio Fortes, devo o agradecimento pela gentileza de ter feito a tradução das citações latinas e se disposto a debatê-las comigo. À Telma Birchal, agradeço a leitura, como sempre, cuidadosa. Ao Carlos Silveira, agradeço a ajuda para refletir sobre os exemplos de Pascal no *Do espírito geométrico*, embora eles ainda me sejam, confesso, um tanto herméticos. Ao Fernando Rey Puente, meu agradecimento por esclarecer o sentido da menção à física aristotélica. Ao Hélio Dias, Thiago Almeida, Estéfano Winter, Alex Lara Martins e Breno Sardenberg, parceiros de caminhada na história da filosofia moderna, meu reconhecimento pela amizade, pelas conversas, dúvidas compartilhadas e aprendizado. Por fim, meu muito obrigado ao Gilson Iannini e à Autêntica Editora pela confiança.

Referências

Edição crítica

PASCAL, B. *Œuvres Complètes*. Texte établi, présenté et annoté par J. Mesnard. Paris: Desclée de Brouwer, 1964, v. I; 1970, v. II; 1991, v. III; 1992, v. IV.

Traduções consultadas

MAURICAC, F. *O pensamento vivo de Pascal*. Tradução de Sérgio Milliet. São Paulo: Martins, [s.d.].

PASCAL, B. *A arte de persuadir: precedida de "A arte da conferência" de Montaigne*. Tradução de Rosemary Costhek Abílio e

Mário Laranjeira. São Paulo: Martins Fontes, 2004. (Coleção Breves Encontros).

PASCAL, B. Comparação dos cristãos dos primeiros tempos com os de hoje. Tradução de Andrei Venturini Martins. *Redescrições*, ano VI, n. 2, p. 46-51, 2015.

PASCAL, B. *Da arte de persuadir*. Tradução de Renata Cordeiro. São Paulo: Landy, 2007.

PASCAL, B. *De Deus e do Homem*. Tradução de Dinis da Luz. Lisboa: Bertrand, 1945.

PASCAL, B. *Do espírito geométrico e Da arte de persuadir e outras páginas*. Tradução de Henrique Barrilaro Ruas. Porto: Porto Editora, 2003.

PASCAL, B. *Do espírito geométrico e outros textos*. Tradução de Antonio Geraldo da Silva. São Paulo: Escala, 2006.

PASCAL, B. *Pensamentos sobre a política – seguidos de "Três discursos sobre a condição dos poderosos"*. Tradução de Paulo Neves. São Paulo: Martins Fontes, 1994.

PASCAL, B. Oração para pedir a Deus o bom uso das doenças. Tradução de Andrei Venturini Martins. *Revista Último Andar*, n. 26, p. 163-181, 2015.

PASCAL, B. Três discursos sobre a condição dos grandes. Tradução de João Emiliano Fortaleza de Aquino. *Kalagatos*, v. 2, n. 4, p. 201-214, 2005.

POPKIN, R. (Org. e Trad.). *Pascal Selections*. New York: Macmillan Publishing Company, 1989.

Do espírito geométrico e
Da arte de persuadir

Reflexões sobre a geometria em geral *e* Da arte de persuadir *são os títulos dos dois fragmentos presentes na única fonte a preservá-los na íntegra: o manuscrito de Sainte-Beuve, cópia do manuscrito do Abade Périer, hoje perdido. Primeiro a lhes fazer uma edição completa em 1844, foi Faugère quem intitulou a primeira parte de* Do espírito geométrico, *título com o qual Leibniz e também P. Nicole parecem se referir ao opúsculo como um todo. A primeira publicação, entretanto, mesmo que parcial, data do século XVIII, muito embora houvesse referências claras ao opúsculo (entendendo-se aí os dois fragmentos) desde ao menos 1664, quando uma nova edição de* A lógica ou a arte de pensar *mencionava Pascal nominalmente. L. Brunschvicg localiza-o nos anos 1658-59 ao passo que L. Lafuma é mais preciso, atribuindo-o ao ano de 1658. Ambos, porém, consideram os dois fragmentos contemporâneos, ao contrário do que faz H. Gouhier, que data as* Reflexões *de 1654-55 e* Da arte de persuadir *de 1659-60. J. Mesnard considera-o posterior à segunda conversão de Pascal e lhe atribui o ano de 1655, assumindo que decorre do diálogo com Arnauld, tal como as conversas com o Senhor de Sacy deram origem à célebre* Conversa com o Senhor de Sacy sobre Epiteto e Montaigne. *As lacunas presentes na tradução são aquelas apontadas por J. Mesnard ao estabelecer o texto a partir do cotejo do manuscrito de Sainte-Beuve com outras fontes que, apesar de incompletas, derivaram diretamente do manuscrito do Abade Périer.*

Reflexões sobre a geometria em geral
(Primeira parte contendo o espírito da geometria ou o verdadeiro método)[1]

Pode haver três principais objetivos no estudo da verdade: um, descobri-la quando é buscada; outro, demonstrá-la quando é possuída; o último, discerni-la do falso quando é examinada.

Não falo do primeiro; trato particularmente do segundo e ele contém o terceiro, pois, caso se conheça o método de provar a verdade, ter-se-á ao mesmo tempo o de discerni-la, porquanto, examinando se a prova que dela se dá está conforme às regras conhecidas, saber-se-á se está demonstrada com exatidão.

A geometria, que se destaca nesses três gêneros, explicou a arte de descobrir as verdades desconhecidas; é o que ela chama de análise, acerca da qual seria inútil discorrer depois que tantas obras excelentes foram feitas.

---

[1] Segundo Mesnard, tanto o título como a divisão devem-se a Arnauld.

O de demonstrar as verdades já encontradas e esclarecê-las de tal maneira que sua prova seja invencível é o único que quero expor e, para isso, tenho apenas que explicar o método que a geometria observa, pois ela o ensina com perfeição por seus exemplos, embora não forneça discurso algum a esse respeito. E, dado que essa arte consiste em duas coisas principais, uma em provar cada proposição em particular, outra em dispor todas as proposições na melhor ordem, farei duas seções, das quais a primeira conterá as regras da condução das demonstrações geométricas, isto é, metódicas e perfeitas, e a segunda compreenderá as da ordem geométrica, isto é, metódica e completa, de modo que as duas juntas conterão tudo que será necessário para conduzir [*lacuna*] do raciocínio a provar e discernir as verdades, as quais almejo apresentar por inteiro.

Do espírito geométrico[2]

PRIMEIRA SEÇÃO

DO MÉTODO DAS DEMONSTRAÇÕES GEOMÉTRICAS, ISTO É, METÓDICAS E PERFEITAS

REFLEXÕES SOBRE A GEOMETRIA EM GERAL

...é bem mais obter sucesso num do que noutro e escolhi essa ciência para a ele chegar apenas porque somente ela conhece as verdadeiras regras do raciocínio e, sem se deter nas regras dos silogismos, que são de tal modo naturais que não se pode ignorá-las, detém-se e funda-se no verdadeiro método de conduzir o raciocínio em todas

---

[2] O título *Do espírito geométrico* encontra-se, a rigor, um pouco adiante, no final da página correspondente do manuscrito de Sainte-Beuve.

as coisas, o qual quase todo mundo ignora e que é tão vantajoso saber que vemos por experiência que, entre espíritos iguais e semelhantes em todas as coisas, o que tem a geometria se destaca e adquire um vigor totalmente novo.

Pretendo, pois, fazer entender o que é demonstração pelo exemplo das de geometria, que é quase a única das ciências humanas que as produz infalíveis, porque somente ela observa o verdadeiro método, ao passo que todas as outras estão, por uma necessidade natural, em algum tipo de confusão que somente os geômetras sabem reconhecer devidamente.[3]

Não posso fazer entender melhor a condução que se deve respeitar para tornar as demonstrações convincentes senão explicando a que a geometria observa e não posso fazê-lo perfeitamente sem antes apresentar a ideia de um [*lacuna*].

Contudo, antes é preciso que eu apresente a ideia de um método ainda mais eminente e mais completo, mas ao qual os homens jamais poderiam chegar, pois o que está além da geometria nos ultrapassa e, todavia, é necessário dizer algo a seu respeito, embora seja impossível praticá-lo.

Esse verdadeiro método, que formaria as demonstrações na mais alta excelência, se a ele fosse possível chegar, consistiria em duas coisas principais: uma em não empregar termo algum cujo sentido não tenha sido nitidamente explicado antes, outra em jamais enunciar proposição alguma que não tenha sido demonstrada por verdades já conhecidas; isto é, numa palavra, definir todos os termos e provar todas as proposições. Contudo, para

---

[3] Esses dois parágrafos, resto de uma redação primitiva, segundo Mesnard, encontram-se em letras menores no manuscrito de Sainte-Beuve.

seguir essa ordem que explico, é preciso que eu exponha o que entendo por definição.

Não se reconhece em geometria senão somente as definições que os lógicos chamam de definições de nome, isto é, somente as atribuições de nome às coisas que foram claramente designadas com termos perfeitamente conhecidos; falo apenas e unicamente dessas.

Sua utilidade e seu uso é esclarecer e abreviar o discurso, exprimindo, somente pelo nome que se atribui, o que se poderia dizer apenas com muitos termos, de modo que, não obstante, o nome atribuído permaneça despido de qualquer outro sentido, caso tenha algum, para não ter mais senão aquele ao qual está unicamente destinado. Eis um exemplo.

Caso se tenha necessidade de distinguir dentre os números os que são divisíveis por dois por igual daqueles que não o são, para evitar repetir frequentemente essa característica, dá-se a eles um nome dessa maneira: chamo de número par todo número divisível por dois por igual.

Eis uma definição geométrica, porque, após ter claramente designado uma coisa, a saber, todo número divisível por dois por igual, dá-se a ela um nome destituído de qualquer outro sentido, caso tenha algum, para lhe dar aquele da coisa designada.

Daí se vê que as definições são muito livres e que jamais estão sujeitas a ser contraditas, pois não há nada mais permitido do que dar a uma coisa claramente designada um nome tal como se quiser. É preciso somente ter atenção para que não se abuse da liberdade que se tem de atribuir nomes, dando o mesmo a duas coisas diferentes.

Não é que isso não seja permitido, desde que não se confundam as consequências e que elas não se estendam de uma à outra.

Contudo, caso se caia nesse vício, pode-se lhe opor um remédio muito seguro e infalível: substituir mentalmente o definido pela definição[4] e ter sempre a definição tão presente que, todas as vezes em que se falar, por exemplo, de número par, entenda-se com precisão que é aquele divisível em duas partes iguais e que essas duas coisas estejam de tal modo juntas e sejam de tal modo inseparáveis no pensamento que, assim que o discurso exprimir uma, o espírito lhe associe imediatamente a outra. Pois os geômetras e todos os que agem metodicamente atribuem nomes às coisas apenas para abreviar o discurso e não para diminuir ou mudar a ideia das coisas sobre as quais discorrem, pois pretendem que o espírito sempre supra os termos curtos com a definição inteira, os quais empregam apenas para evitar a confusão que a multiplicidade de palavras provoca.

Nada afasta mais pronta e mais poderosamente as surpresas capciosas dos sofistas do que esse método, que é preciso ter sempre presente e que sozinho basta para banir todos os tipos de dificuldade e de equívoco.

Estando bem entendidas essas coisas, retorno à explicação da verdadeira ordem, que consiste, como eu dizia, em tudo definir e em tudo provar.

---

[4] A expressão *substituer la définition à la place du défini* significa, a rigor, que se deve retirar o definido e colocar em seu lugar a definição. Na carta a Le Pailleur, provavelmente de fevereiro de 1648, em que Pascal analisa o debate que travou com o Padre Noël acerca do vácuo, pode-se depreender com clareza o sentido dessa expressão: "Assim, quando ele denominou *corpo* o que tem partes umas fora das outras e disse, como consequência dessa definição, *digo que todo espaço é corpo*, deve-se tomar a palavra *corpo* no sentido que ele acaba de dar, de modo que, se substituirmos o definido pela definição, o que sempre se pode fazer sem alterar o sentido de uma proposição, descobrir-se-á que esta definição, *todo espaço é corpo*, não é diferente desta aqui: *todo espaço tem partes umas fora das outras*" (PASCAL, 1970, v. II, p. 569).

Certamente esse método seria belo, mas é absolutamente impossível, pois é evidente que os primeiros termos que se gostaria de definir pressuporiam outros precedentes para lhes servir de explicação e que, de maneira semelhante, as primeiras proposições que se gostaria de provar pressuporiam outras que as precedessem; e assim fica claro que jamais se chegaria às primeiras.

Assim, aprofundando as investigações mais e mais, chega-se necessariamente a palavras primitivas que não podem mais ser definidas e a princípios tão claros que não se encontram outros que o sejam mais para lhes servir de prova.

Daí se vê que os homens estão numa impotência natural e imutável para tratar qualquer ciência que seja numa ordem absolutamente completa.

Contudo, não se segue daí que se deva abandonar todo tipo de ordem.

Pois há uma e é a da geometria, que é, na verdade, inferior por ser menos convincente, mas não por ser menos certa. Ela não define tudo e não prova tudo, e é nisso que é inferior, mas pressupõe apenas coisas claras e constantes pela luz natural e por isso é perfeitamente verdadeira, pois a natureza a sustenta na falta do discurso.[5]

Essa ordem, a mais perfeita entre os homens, consiste não em tudo definir ou em tudo demonstrar, tampouco em nada definir ou em nada demonstrar, mas em se manter nesse meio de não definir as coisas claras e compreendidas por todos os homens e de definir todas as outras; e de não provar todas as coisas conhecidas pelos

---

[5] No longo fragmento La 131 (Br 434, Sel 164) dos *Pensamentos*, Pascal apresenta uma ideia semelhante, mas se referindo ao limite da dúvida e do pirronismo: "A natureza sustenta a razão impotente".

homens e de provar todas as outras. Contra essa ordem pecam igualmente todos que buscam definir tudo e provar tudo e aqueles que negligenciam fazê-lo nas coisas que não são evidentes por si mesmas.

É isso que a geometria ensina com perfeição. Ela não define nenhuma destas coisas, espaço, tempo, movimento, número, igualdade, nem as semelhantes que existem em grande número, porque esses termos designam tão naturalmente as coisas que significam, para quem entende a língua, que o esclarecimento que deles se gostaria de fazer traria mais obscuridade do que instrução.

Pois não há nada mais fraco do que o discurso daqueles que querem definir essas palavras primitivas. Que necessidade há de explicar o que se entende pela palavra *homem*? Não se sabe suficientemente qual é a coisa que se quer designar com esse termo? E que vantagem Platão pensava nos oferecer, dizendo que era um animal de duas pernas sem penas? Como se a ideia que dele naturalmente tenho, e que não posso exprimir, não fosse mais nítida e mais segura do que aquela que ele me dá com sua explicação inútil e até ridícula; pois um homem não perde a humanidade ao perder as duas pernas e um galo não a adquire ao perder suas penas.

Há quem chegue ao absurdo de explicar uma palavra pela própria palavra. Conheço quem definiu a luz do seguinte modo: *a luz é um movimento luminar dos corpos luminosos*, como se se pudesse entender as palavras *luminar* e *luminoso* sem a palavra luz.[6]

---

[6] A referência aqui é ao Padre Noël, que em carta a Pascal, datada de outubro de 1647, afirma que "a luz ou, antes, a iluminação é um movimento luminar de raios compostos por corpos lúcidos que preenchem os corpos transparentes e que são movidos luminarmente apenas por outros corpos lúcidos" (PASCAL, 1970, v. II, p. 518). Na resposta ao Padre

Não se pode buscar definir o ser sem cair nesse absurdo, pois não se pode definir uma palavra sem começar por esta: *é*, seja quando é expressa ou está subentendida. Portanto, para definir o ser, seria preciso dizer *é* e assim empregar a palavra definida em sua definição.

Vê-se suficientemente a partir disso que há palavras incapazes de ser definidas e, se a natureza não tivesse suprido essa falta com uma ideia semelhante que forneceu a todos os homens, todas as nossas expressões seriam confusas; porém, elas são usadas com a mesma segurança e a mesma certeza que se estivessem explicadas de uma maneira perfeitamente isenta de equívocos; porque a própria natureza nos forneceu, sem palavras, uma inteligência mais nítida do que a que a arte nos proporciona com nossas explicações.

Não é porque todos os homens tenham a mesma ideia da essência das coisas que digo que é impossível e inútil definir.

Pois, por exemplo, o tempo é desse tipo. Quem poderá defini-lo? E por que buscar defini-lo, dado que todos os homens concebem o que se quer dizer quando se fala do tempo, sem que ele seja designado mais detalhadamente? Entretanto, há opiniões bastante diferentes acerca da essência do tempo. Uns dizem que é o movimento de uma coisa criada; outros, a medida do movimento, etc. Assim, não é a natureza dessas coisas que digo ser comum a todos; é simplesmente a relação entre o nome

---

Noël, em carta de 29 de outubro de 1647, Pascal parafraseia a definição do seguinte modo: "a luz é um movimento luminar de raios compostos de corpos lúcidos, isto é, luminosos" (cf. tradução na p. 99 do presente livro). Essa correspondência, assim como outras obras tratando do vácuo, foi traduzida para o português por Roberto de A. Martins nos *Cadernos de História e Filosofia da Ciência*, série 2, vol. 1, n. especial, 1989.

e a coisa; de modo que, diante desta expressão, *tempo*, todos conduzem o pensamento para o mesmo objeto, o que basta para fazer com que esse termo não tenha necessidade de ser definido, embora em seguida, examinando o que é o tempo, venha-se a diferir de opinião depois de se pôr a pensar sobre ele, pois as definições são feitas apenas para designar as coisas denominadas e não para mostrar sua natureza.

Não é que não seja permitido chamar com o nome de tempo o movimento de uma coisa criada, pois, como disse há pouco, nada é mais livre do que as definições.

Contudo, dada essa definição, haverá duas coisas que serão chamadas pelo nome de *tempo*: uma é aquela que todo mundo naturalmente entende por essa palavra e que todos que falam nossa língua denominam com esse termo; outra será o movimento de uma coisa criada, pois ela também será chamada com esse nome seguindo essa nova definição.

Será preciso então evitar os equívocos e não confundir as consequências, pois não se seguirá daí que a coisa que se entende naturalmente pela palavra *tempo* seja, de fato, o movimento de uma coisa criada. Houve liberdade para se denominar essas duas coisas do mesmo modo, mas não haverá para fazê-las convergir em natureza tanto quanto em nome.

Assim, caso se enuncie este discurso: *o tempo é o movimento de uma coisa criada*, é preciso questionar o que se entende pela palavra *tempo*, isto é, se se lhe conserva o sentido comum e aceito por todos ou se se lhe retira esse sentido para lhe dar nessa ocasião o de movimento de uma coisa criada; porque, se ela for destituída de qualquer outro sentido, não se pode contradizer; e será uma definição livre a partir da qual, como disse, haverá duas coisas que terão o mesmo nome. Contudo, caso se lhe conserve o sentido comum e se pretenda, não obstante, que o que se entende por essa palavra seja o movimento de uma coisa criada, pode-se contradizer. Não é mais uma definição livre, é uma proposição que precisa ser provada, a menos que seja muito evidente por si mesma, e então será um princípio e um axioma, mas jamais uma definição, porque nesse enunciado não se entende que a palavra *tempo* signifique a mesma coisa que estas: *o movimento de uma coisa criada*; mas entende-se que o que se concebe pelo termo *tempo* seja esse movimento suposto.

Se eu não soubesse o quanto é necessário entender isso perfeitamente e o quanto ocorrem a toda hora, nos discursos familiares e nos discursos da ciência, ocasiões semelhantes a essa que dei como exemplo, não teria me detido nisso. Contudo, parece-me, pela experiência que tenho da confusão das disputas, que não se pode entrar em demasia nesse espírito de nitidez, para o qual faço todo esse tratado mais do que pelo tema de que nele trato.

Pois quantas pessoas há que creem ter definido o tempo quando disseram que é a medida do movimento, conservando-lhe, todavia, seu sentido comum! E, entretanto, elas fizeram uma proposição, não uma definição. De modo semelhante, quantas há que creem ter definido o movimento quando disseram: *motus nec simpliciter actus nec mera potentia est, sed actu entis in potentia!*[7] E, todavia, se conservam na palavra movimento seu sentido ordinário, como fazem, não é uma definição, mas uma proposição. E, assim, confundindo as definições que chamam de definições de nome, que são as verdadeiras definições

---

[7] "O movimento não é simplesmente o ato, nem a mera potência, mas é o ato de um ente em potência!" (Cf. Aristóteles, *Física*, III, cap. 1 e 2.)

livres, permitidas e geométricas, com aquelas que chamam de definições de coisa, que são propriamente proposições em nada livres, mas sujeitas à contradição, elas se dão a liberdade de formar umas tanto como as outras; e, cada uma definindo as mesmas coisas a seu modo, por uma liberdade que é tão proibida nesses tipos de definição quanto permitida nas primeiras, elas embaralham todas as coisas e, perdendo toda ordem e toda luz, perdem-se a si mesmas e se extraviam em embaraços inexplicáveis.

Nisso jamais se cairá seguindo a ordem da geometria. Essa ciência judiciosa está bem afastada [*lacuna*][8] a definição dessas palavras primitivas, *espaço, tempo, movimento, igualdade, maioria, diminuição, todo*, e das outras que o mundo entende por si mesmo. Contudo, excetuando-se essas, o resto dos termos que emprega são de tal modo esclarecidos e definidos que não se tem necessidade de dicionário para entender nenhum deles, de modo que, numa palavra, todos esses termos são perfeitamente inteligíveis ou pela luz natural ou pelas definições que ela fornece.

Eis de que maneira ela evita todos os vícios que podem ser encontrados no primeiro ponto, que consiste em definir somente as coisas que precisam sê-lo. Ela atua do mesmo modo com relação ao outro ponto, que consiste em provar as proposições que não são evidentes.

Pois, quando chega às primeiras verdades conhecidas, ela aí se detém e requisita o acordo, nada tendo de mais claro para prová-las, de modo que tudo que a geometria propõe é perfeitamente demonstrado ou pela luz natural ou pelas provas.

---

[8] Conjectura de Mesnard: "de dar".

Disso decorre que, se essa ciência não define e não demonstra todas as coisas, é pela única razão de que isso nos é impossível.

Contudo, como a natureza fornece tudo que essa ciência não dá, sua ordem, na verdade, não dá uma perfeição mais que humana, mas possui toda perfeição à qual os homens podem chegar. Pareceu-me apropriado apresentar desde o início desse discurso essa...[9]

Talvez se achará estranho que a geometria não possa definir nenhuma das coisas que tem como principais objetos, pois não pode definir nem o movimento, nem os números, nem o espaço e, todavia, essas três coisas são as que ela considera particularmente e, conforme a investigação de cada uma delas, assume estes três diferentes nomes: mecânica, aritmética e geometria, este último nome pertencendo ao gênero e à espécie.

Contudo, não se ficará surpreso, caso se observe que, atendo-se essa admirável ciência apenas às coisas mais simples, essa mesma qualidade que as torna dignas de ser seus objetos as torna incapazes de ser definidas, de modo que a ausência de definição é antes uma perfeição do que uma falta, porque não advém de sua obscuridade, mas, ao contrário, de sua extrema evidência, que é tal que, ainda que não tenha a convicção das demonstrações, tem toda a certeza delas. Ela pressupõe, portanto, que se saiba qual é a coisa que se entende por estas palavras: *movimento, número, espaço*; e, sem se deter em defini-las inutilmente, penetra em sua natureza e descobre suas maravilhosas propriedades.

---

[9] Como aponta Mesnard, esse parágrafo, por se encontrar entre colchetes e em letra pequena no manuscrito de Sainte-Beuve, parece ser uma passagem que foi riscada no original.

Essas três coisas, que compreendem todo o universo, segundo estas palavras: *Deus fecit omnia in pondere, in numero, et mensura*,[10] têm uma ligação recíproca e necessária.

Pois não se pode imaginar o movimento sem alguma coisa que se mova; e, sendo essa coisa una, essa unidade é a origem de todos os números. E, enfim, não podendo haver movimento sem espaço, veem-se essas três coisas contidas na primeira.

O próprio tempo aí está compreendido, pois o movimento e o tempo são relativos um ao outro; a rapidez ou a lentidão, que são as diferenças dos movimentos, têm uma relação necessária com o tempo.

Assim, há propriedades comuns a todas essas coisas, cujo conhecimento abre o espírito às maiores maravilhas da natureza.

A principal são as duas infinidades que se encontram em todas, uma de grandeza, outra de pequenez.

Pois, por mais rápido que seja um movimento, pode-se conceber outro que o seja mais e apressar ainda este último e assim sempre ao infinito sem jamais chegar a um que o seja de tal modo que não se possa mais aumentá-lo. E, ao contrário, por mais lento que seja um movimento, pode-se retardá-lo mais, e ainda este último, e assim ao infinito sem jamais chegar a um tal grau de lentidão que não se possa ainda reduzi-lo a uma infinidade de outros sem cair no repouso.

De modo semelhante, por maior que seja um número, pode-se conceber um maior e ainda um que ultrapasse

---

[10] "Deus criou todas as coisas com peso, número e medida." A citação remonta à Sb 11, 20: "mas tudo dispuseste com medida, número e peso", conforme a tradução da *Bíblia de Jerusalém* (Nova edição, revista e ampliada). São Paulo: Paulus, 2002.

o último e assim ao infinito sem jamais chegar a um que não possa mais ser aumentado. E, ao contrário, por menor que seja um número, como a centésima ou a décima milésima parte, pode-se ainda conceber um menor e sempre ao infinito sem chegar ao zero ou ao nada.

De modo semelhante, por maior que seja um espaço, pode-se conceber um maior, e ainda um que o seja mais, e assim ao infinito sem jamais chegar a um que não possa mais ser aumentado. E, ao contrário, por menor que seja um espaço, pode-se ainda considerar um menor, e sempre ao infinito, sem jamais chegar a um indivisível que não tenha extensão alguma.

Dá-se o mesmo com o tempo. Pode-se sempre conceber um maior sem último e um menor sem chegar a um instante e a um puro nada de duração.

Isto é, numa palavra, seja qual for o movimento, o número, o espaço, o tempo, há sempre um maior e um menor, de modo que todos eles se sustêm entre o nada e o infinito, estando sempre infinitamente afastados desses extremos.

Todas essas verdades não podem ser demonstradas e, todavia, são os fundamentos e os princípios da geometria. Contudo, como a causa que as torna incapazes de demonstração não é sua obscuridade, mas, ao contrário, sua extrema evidência, essa ausência de prova não é uma falta, mas antes uma perfeição.

Daí se vê que a geometria não pode definir os objetos, nem provar os princípios; mas pela única e vantajosa razão de uns e outros estarem numa extrema clareza natural, que convence a razão mais poderosamente do que o discurso.

Pois o que há de mais evidente do que essa verdade, que um número, qualquer que seja, pode ser aumentado?

Não se pode dobrá-lo? E que a rapidez de um movimento pode ser dobrada e que, de modo semelhante, um espaço pode ser dobrado?

E quem pode também duvidar de que um número, qualquer que seja, possa ser dividido pela metade e sua metade ainda pela metade? Pois seria essa metade um nada? E como essas duas metades, que seriam dois zeros, formariam um número?

De modo semelhante, um movimento, por mais lento que seja, não pode ser diminuído pela metade, de modo que percorra o mesmo espaço no dobro do tempo, e esse último movimento também? Pois isso seria um puro repouso? E como poderia ocorrer que essas duas metades de velocidade, que seriam dois repousos, formassem a primeira velocidade?

Também um espaço, por menor que seja, não pode ser dividido em dois e essas metades também? E como se poderia fazer com que essas duas metades fossem indivisíveis sem extensão alguma, elas que, unidas num todo, formaram a primeira extensão?

Não há conhecimento natural no homem que preceda a esses e que os ultrapasse em clareza. Não obstante, a fim de que haja exemplo de tudo, existem espíritos, excelentes em todas as outras coisas, aos quais essas infinidades chocam e que não podem de modo algum a elas consentir.

Jamais conheci alguém que tenha pensado que o espaço não possa ser aumentado, mas vi alguns, muito hábeis aliás, que asseguraram que um espaço podia ser dividido em duas partes indivisíveis, por mais absurdo que isso seja.

Eu me dediquei a investigar neles qual podia ser a causa dessa obscuridade e descobri que havia apenas uma principal, que é não poderem conceber um contínuo divisível ao infinito, donde concluem que não é divisível.

É uma doença natural do homem crer que possui a verdade diretamente e daí decorre que está sempre disposto a negar tudo que lhe é incompreensível; porém, de fato, ele conhece naturalmente apenas a mentira e deve tomar como verdadeiras apenas as coisas cujo contrário lhe parece falso.

E é por isso que, todas as vezes que uma proposição é inconcebível, é preciso suspender o juízo e não a negar por esse aspecto, mas examinar seu contrário; e, caso se descubra que é manifestamente falso, pode-se ousadamente afirmar a primeira, por mais incompreensível que seja. Apliquemos esta regra ao nosso assunto.

Não há geômetra que não creia ser o espaço divisível ao infinito. Sê-lo sem esse princípio é como ser homem sem alma. E, não obstante, não há quem compreenda uma divisão infinita; e não se está seguro dessa verdade inconcebível senão pela única razão, mas que certamente é suficiente, de que se compreende perfeitamente que é falso que, dividindo um espaço, possa-se chegar a uma parte indivisível, isto é, que não tenha extensão alguma.

Pois o que há de mais absurdo do que pretender que, dividindo sempre um espaço, chega-se enfim a uma divisão tal que, dividindo-a em duas, cada uma das metades permaneça indivisível e sem extensão alguma e que assim esses dois nadas de extensão formem juntos uma extensão? Pois eu gostaria de perguntar àqueles que têm essa ideia se concebem nitidamente que dois indivisíveis se tocam: se é em toda parte, eles são uma mesma coisa e, por conseguinte, os dois em conjunto são indivisíveis; e, se não é em toda parte, é então apenas em uma parte: logo, eles têm partes; logo, não são indivisíveis.

Que se eles confessam, como de fato admitem quando pressionados, que sua proposição é tão inconcebível como a outra, que eles reconheçam que não é por nossa capacidade de conceber as coisas que devemos julgar sua verdade, pois, sendo inconcebíveis todos esses dois contrários, é necessariamente certo, todavia, que um dos dois seja verdadeiro.[11]

Contudo, que a essas dificuldades quiméricas, e que são proporcionais apenas à nossa fraqueza, eles oponham essas clarezas naturais e essas verdades sólidas: se fosse verdade que o espaço fosse composto por um certo número finito de indivisíveis, seguir-se-ia que dois espaços, cada um dos quais quadrado, isto é, igual e semelhante de todos os lados, sendo um o dobro do outro, um conteria um número desses indivisíveis que seria o dobro do número dos indivisíveis do outro. Que eles retenham bem essa consequência e que se exercitem em seguida em dispor pontos em quadrados até que tenham encontrado dois, dos quais um tenha o dobro de pontos do outro, e então eu lhes farei curvar tudo que há de geômetras no mundo. Contudo, se a coisa é naturalmente impossível, isto é, se há uma impossibilidade invencível para dispor quadrados de pontos, dos quais um tenha o dobro de pontos do outro, como eu mostraria nesse mesmo lugar se a coisa merecesse que nela nos detivéssemos, que eles tirem as consequências disso.

E, para aliviá-los das dificuldades que teriam em certas situações, como em conceber que um espaço tenha uma infinidade de divisíveis, visto que são percorridos

---

[11] Nos *Pensamentos*, fragmento La 149 (Br 430, Sel 182-274), Pascal afirma: "Tudo que é incompreensível não deixa de ser. O número infinito, um espaço infinito igual ao finito". Cf. La 230 (Br 430 *bis*, Sel 262).

em tão pouco tempo, durante o qual se teria percorrido essa infinidade de divisíveis, é preciso adverti-los de que não devem comparar coisas tão desproporcionais como a infinidade dos divisíveis com o pouco tempo em que são percorridos; mas que comparem o espaço inteiro com o tempo inteiro e os infinitos divisíveis do espaço com os infinitos instantes desse tempo; e assim descobrirão que se percorre uma infinidade de divisíveis numa infinidade de instantes e um pequeno espaço num pequeno tempo; nisso eles não mais encontram a desproporção que os havia espantado.

Enfim, se consideram estranho que um pequeno espaço tenha tantas partes quanto um grande, que entendam também que elas são proporcionalmente menores e que observem o firmamento através de um pequeno vidro para se familiarizar com esse conhecimento, vendo cada parte do céu em cada parte do vidro.

Contudo, se não podem compreender que partes tão pequenas que nos são imperceptíveis possam ser tão divididas quanto o firmamento, não há melhor remédio do que lhes fazer observá-las com lunetas que ampliam essa ponta delicada até uma massa prodigiosa; daí conceberão facilmente que, com o auxílio de um outro vidro talhado ainda mais artisticamente, poder-se-ia ampliá-las até igualar esse firmamento cuja extensão admiram. E, assim, esses objetos lhes parecendo agora muito facilmente divisíveis, que eles se lembrem de que a natureza pode infinitamente mais do que a arte.

Pois, enfim, quem lhes assegurou que esses vidros terão mudado a grandeza natural desses objetos ou se, ao contrário, reestabeleceram a verdadeira, que a figura do nosso olho havia mudado e reduzido, como fazem as lunetas que diminuem?

É deplorável se deter nessas bagatelas, mas há tempos para ninharias.

Basta dizer a espíritos claros nessa matéria que dois nadas de extensão não podem formar uma extensão. Contudo, porque há quem pretenda se furtar dessa luz com esta maravilhosa resposta, que dois nadas de extensão podem formar uma extensão tão bem quanto duas unidades, das quais nenhuma é um número, formam um número com sua união, é preciso lhes replicar que poderiam opor da mesma maneira que vinte mil homens fazem um exército, embora nenhum deles seja um exército; que mil casas formam uma cidade, embora nenhuma seja uma cidade; ou que as partes fazem o todo, embora nenhuma seja o todo; ou, para permanecer na comparação dos números, que dois binários formam o quaternário e dez dezenas uma centena, embora nenhum o seja.

Contudo, não é ter o espírito justo confundir com comparações tão desiguais a natureza imutável das coisas com seus nomes livres e voluntários, dependentes do capricho dos homens que os compuseram. Pois é claro que, para facilitar os discursos, deu-se o nome de exército a vinte mil homens, o de cidade a muitas casas, o de dezena a dez unidades; e que dessa liberdade nascem os nomes de unidade, binário, quaternário, dezena, centena, diferentes em nossas fantasias, embora essas coisas sejam, de fato, do mesmo gênero por sua natureza invariável e sejam todas proporcionais entre si e difiram apenas segundo o mais ou o menos e embora, a partir desses nomes, o binário não seja quaternário, nem uma casa uma cidade, não mais do que uma cidade não é uma casa. Contudo, embora uma casa não seja uma cidade, ela não é, todavia, um nada de cidade. Há bastante diferença entre não ser uma coisa e ser um nada desta coisa.

Pois, a fim de que se compreenda a coisa a fundo, é preciso saber que a única razão pela qual a unidade não está na categoria dos números é que Euclides e os primeiros autores que trataram de aritmética, tendo muitas propriedades a estabelecer que convinham a todos os números exceto à unidade, para evitar dizer frequentemente que *em todo número, exceto a unidade, tal condição se aplica*, excluíram a unidade do significado da palavra *número* pela liberdade que já dissemos que se tem para formular definições a seu bel-prazer. Assim, se tivessem querido, teriam do mesmo modo excluído o binário e o ternário, e tudo que lhes aprouvesse, pois disso se é senhor, desde que se advirta a respeito, como, ao contrário, a unidade é colocada, quando se quer, na categoria dos números e o mesmo com as frações. E, de fato, é obrigatório fazê-lo nas proposições gerais para evitar dizer a cada vez: *em todo número, e na unidade e nas frações, uma tal propriedade se encontra*; e é nesse sentido indefinido que a tomei em tudo o que escrevi a respeito.

Contudo, o próprio Euclides, que negou à unidade o nome de número, o que lhe foi permitido, para fazer entender, todavia, que ela não é um nada de número, mas que é, ao contrário, do mesmo gênero, definiu assim as grandezas homogêneas: *as grandezas*, diz ele, *são ditas ser do mesmo gênero quando uma, sendo muitas vezes multiplicada, pode chegar a ultrapassar a outra*. E, por conseguinte, dado que a unidade pode, sendo multiplicada muitas vezes, ultrapassar qualquer número que seja, ela é do mesmo gênero que os números, precisamente por sua essência e por sua natureza imutável, no sentido do próprio Euclides, que quis que não fosse chamada de número.

Não se dá o mesmo com um indivisível em relação a uma extensão, pois não somente difere no nome, o que é voluntário, mas difere no gênero, pela mesma definição, pois um indivisível multiplicado tantas vezes quanto se quiser está tão afastado de poder ultrapassar uma extensão que não pode jamais formar senão um só e único indivisível; o que é natural e necessário, como já foi mostrado. E, como essa última prova está fundada na definição dessas duas coisas, *indivisível* e *extensão*, vamos finalizar e consumar a demonstração.

Um indivisível é aquilo que não tem parte alguma e a extensão é o que tem diversas partes separadas.

Baseado nessas definições, digo que dois indivisíveis, estando unidos, não formam uma extensão.

Pois, quando estão unidos, eles se tocam cada um em uma parte; e, por conseguinte, as partes por onde se tocam não estão separadas, pois, de outro modo, elas não se tocariam. Ora, por sua definição, eles não têm outras partes: logo, não têm partes separadas; logo, não são uma extensão, pela definição de extensão que inclui a separação de partes.

Pela mesma razão, mostrar-se-á a mesma coisa de todos os outros indivisíveis que a eles se juntar. E, por conseguinte, um indivisível, multiplicado tanto quanto se quiser, não formará jamais uma extensão. Logo, não é do mesmo gênero da extensão, pela definição das coisas do mesmo gênero.

Eis como se demonstra que os indivisíveis não são do mesmo gênero dos números. Daí decorre que duas unidades bem podem formar um número, porque são do mesmo gênero; e que dois indivisíveis não formam uma extensão, porque não são do mesmo gênero.

Daí se vê como há pouca razão em comparar a relação que há entre a unidade e os números àquela que há entre os indivisíveis e a extensão.

Contudo, caso se queira fazer nos números uma comparação que represente com justeza o que consideramos na extensão, é preciso que seja a relação do zero com os números, pois o zero não é do mesmo gênero dos números, porque, sendo multiplicado, não pode ultrapassá-los, de modo que é um verdadeiro indivisível de número, como o indivisível é um verdadeiro zero de extensão. E encontrar-se-á uma relação semelhante entre o repouso e o movimento, e entre um instante e o tempo, pois todas essas coisas são heterogêneas às suas grandezas, porque, sendo infinitamente multiplicadas, não podem jamais formar senão indivisíveis, tal como os indivisíveis de extensão [não podem jamais formar uma extensão],[12] e pela mesma razão. E, então, encontrar-se-á uma correspondência perfeita entre essas coisas, pois todas essas grandezas são divisíveis ao infinito sem cair em seus indivisíveis, de modo que todas elas ocupam o meio entre o infinito e o nada.

Eis a admirável relação que a natureza estabeleceu entre essas coisas e as duas maravilhosas infinidades que propôs aos homens, não para conceber, mas para admirar. E, para terminar essa consideração com uma última observação, acrescentarei que esses dois infinitos, embora infinitamente diferentes, são todavia relativos um ao outro, de tal modo que o conhecimento de um conduz necessariamente ao conhecimento do outro.

Pois, nos números, por poderem sempre ser aumentados, segue-se absolutamente que podem sempre ser diminuídos, e isso claramente: pois, caso se possa multiplicar um número até 100.000, por exemplo, pode-se também lhe tomar uma centésima milésima parte,

---

[12] Interpolação proposta por Mesnard.

dividindo-o pelo mesmo número pelo qual foi multiplicado; e assim todo termo de aumento tornar-se-á termo de divisão, mudando o inteiro em fração, de modo que o aumento infinito também contém necessariamente a divisão infinita.

E no espaço a mesma relação se vê entre esses dois infinitos contrários; isto é, por o espaço poder ser infinitamente prolongado, segue-se que pode ser infinitamente diminuído, como se vê neste exemplo. Caso se olhe através de um vidro uma nave que se distancia sempre em linha reta, é claro que o lugar do diáfano onde se observa um ponto qualquer do navio se elevará sempre por um fluxo contínuo à medida que a nave se distanciar. Logo, se a trajetória da nave for sempre alongada e até o infinito, esse ponto se elevará continuamente; e, todavia, jamais chegará àquele onde cairá o raio horizontal conduzido do olho ao vidro, de modo que dele se aproximará sempre sem jamais chegar, dividindo sem cessar o espaço que restará sob esse ponto horizontal sem jamais chegar a ele. Daí se vê a consequência necessária que se extrai da infinidade da extensão do curso da nave na divisão infinita e infinitamente pequena desse pequeno espaço que permanece embaixo desse ponto horizontal.

Os que não ficarem satisfeitos com essas razões e permanecerem na crença de que o espaço não é divisível ao infinito[13] nada podem pretender nas demonstrações geométricas; e, embora possam ser muito esclarecidos em outras coisas, eles o serão muito pouco nessas aqui,

---

[13] O mais célebre entre os que negam a divisibilidade ao infinito é talvez Méré, a quem Pascal alude em carta a Fermat, datada de 29 de julho de 1654 (Cf. PASCAL, 1970, v. II, p. 1142). A esse respeito, há uma carta do próprio Méré a Pascal, de datação incerta, publicada em 1682 (Cf. PASCAL, 1991, v. III, p. 353-359).

pois se pode facilmente ser um homem muito hábil e um mau geômetra.

Contudo, os que virem claramente essas verdades poderão admirar a grandeza da potência da natureza nessa dupla infinidade que nos circunda por todos os lados e aprender, por essa consideração maravilhosa, a conhecer a si mesmos, observando-se localizados entre uma infinidade e um nada de extensão, entre uma infinidade e um nada de número, entre uma infinidade e um nada de movimento, entre uma infinidade e um nada de tempo. Com base nisso, pode-se aprender a se estimar em seu justo valor e formar reflexões que valem mais do que todo o resto da geometria.

Acreditei ser obrigado a fazer essa longa consideração em favor daqueles que, não compreendendo inicialmente essa dupla infinidade, são capazes de ser persuadidos dela. E, embora haja muitos que tenham luz suficiente para disso não precisar, pode acontecer, todavia, que esse discurso, que será necessário a uns, não seja inteiramente inútil aos outros.

Da arte de persuadir

A arte de persuadir tem uma relação necessária com a maneira pela qual os homens consentem ao que lhes é proposto e com as características das coisas em que se quer fazer crer.

Ninguém ignora que há duas entradas pelas quais as opiniões são recebidas na alma, que são suas duas principais potências: o entendimento e a vontade. A mais natural é a do entendimento, pois não se deveria jamais consentir senão às verdades demonstradas; mas a mais comum, embora contra a natureza, é a da vontade, pois a maioria dos homens é quase sempre levada a crer não por prova, mas por agrado.

Essa via é baixa, indigna e estranha: tanto é que todo mundo a desaprova. Cada um faz profissão de crer e mesmo de amar apenas o que sabe merecê-lo.

Não falo aqui das verdades divinas, que tenho o cuidado de não fazer recair sob a arte de persuadir, pois estão infinitamente acima da natureza. Somente Deus pode colocá-las na alma e da maneira que lhe aprouver.

Sei que Ele quis que elas entrem do coração no espírito, e não do espírito no coração, para humilhar a soberba potência do raciocínio, que pretende dever ser juiz das coisas que a vontade escolhe, e para curar a vontade enferma, que se corrompeu por completo por seus apegos sujos. E daí advém que, em lugar de, falando das coisas humanas, dizer que é preciso conhecê-las antes de amá-las, o que se tornou um provérbio,[14] os santos dizem, ao contrário, falando das coisas divinas, que é preciso amá-las para conhecê-las e que se adentra na verdade apenas pela caridade,[15] da qual fizeram uma de suas mais úteis sentenças.

Nisso parece que Deus estabeleceu essa ordem sobrenatural e totalmente contrária à ordem que devia ser natural aos homens nas coisas naturais – a qual eles corromperam, todavia, fazendo das coisas profanas o que deviam fazer das coisas santas, porque, de fato, acreditamos quase

---

[14] Popkin sugere *Ignoti nulla cupido*, "Não se deseja o desconhecido", que remonta a Ovídio; Mesnard propõe *Amor ex videndo nascitur mortalibus*, "O amor nasce para os mortais das coisas que se veem", citado por J. Langius, *Polyanthea*, Lyon, 1659, col. 200, acompanhado deste comentário *Non enim amatur incognitum*, "Com efeito, não se ama o desconhecido".

[15] Agostinho, *Contra Faustum Manichaeum*, 32, 18.

que apenas no que nos apraz. E daí advém o afastamento em que estamos de consentir às verdades da religião cristã, totalmente oposta a nossos prazeres. *Dizei-nos coisas agradáveis e nós vos escutaremos*, diziam os judeus a Moisés,[16] como se o agrado devesse regrar a crença! E é para punir essa desordem por uma ordem que lhe é conforme que Deus verte suas luzes nos espíritos apenas depois de ter domado a rebelião da vontade com uma doçura totalmente celeste que a encanta e a arrebata.

Portanto, falo apenas de verdades a nosso alcance e é acerca delas que digo que o espírito e o coração são como as portas pelas quais são recebidas na alma, mas que bem poucas entram pelo espírito, ao passo que elas são nele introduzidas em grande número pelos caprichos temerários da vontade sem o conselho do raciocínio.

Cada uma dessas potências tem seus princípios e os primeiros motores de suas ações.

Os do espírito são verdades naturais e conhecidas por todo mundo, como que o todo é maior do que sua parte, além de vários axiomas particulares que uns acolhem e outros não, mas que, assim que são admitidos, são tão potentes, embora falsos, para conduzir à crença, quanto os mais verdadeiros.

Os da vontade são certos desejos naturais e comuns a todos os homens, como o desejo de ser feliz, que ninguém pode não ter, além de vários objetos particulares que cada um segue para nela chegar e que, tendo a força de nos aprazer, são tão fortes, ainda que de fato perniciosos, para fazer a vontade agir, quanto se produzissem a verdadeira felicidade.

---

[16] Essa citação talvez seja uma adaptação de Ex 20, 19.

Eis o que diz respeito às potências que nos levam a consentir.

Contudo, quanto às qualidades das coisas de que devemos persuadir, elas são bem diversas.

Umas se extraem, por uma consequência necessária, dos princípios comuns e das verdades aprovadas. Essas podem ser infalivelmente persuasivas, pois, mostrando a relação que têm com os princípios acordados, há uma necessidade inevitável de convencer.

E é impossível que não sejam acolhidas na alma assim que se tenha podido vinculá-las a essas verdades que ela já admitiu.

Há outras que têm uma união estreita com os objetos de nossa satisfação e essas também são acolhidas com certeza, pois tão logo se faça a alma perceber que uma coisa pode conduzi-la ao que ela ama soberanamente, é inevitável que se dirija à coisa com alegria.

Contudo, as que têm ligação ao mesmo tempo com as verdades aprovadas e com os desejos do coração, elas estão tão seguras de seu efeito que não há nada que esteja mais seguro na natureza.

Como, ao contrário, o que não tem relação nem com nossas crenças, nem com nossos prazeres nos é incômodo, falso e absolutamente estranho.

Em todas essas situações não há nada a duvidar. Contudo, há algo a duvidar quando as coisas nas quais se quer fazer crer estão bem estabelecidas sobre verdades conhecidas, mas são ao mesmo tempo contrárias aos prazeres que mais nos tocam. E essas correm grande risco de mostrar, por uma experiência que é bastante comum, o que eu dizia no começo: que a alma imperiosa, que se gabava de agir apenas pela razão, segue, por uma escolha vergonhosa e temerária, o que uma vontade corrompida deseja, por mais resistência que o espírito bem esclarecido possa lhe opor.

É então que se faz um equilíbrio duvidoso entre a verdade e a volúpia e que o conhecimento de uma e o sentimento de outra travam um combate cujo resultado é bem incerto, pois seria preciso, para julgá-lo, conhecer tudo o que se passa no mais interior do homem, o que o próprio homem não conhece quase nunca.

A partir disso se vê que, independente do que se queira persuadir, é preciso considerar a pessoa a quem se quer persuadir, da qual é preciso conhecer o espírito e o coração, com quais princípios concorda, de quais coisas gosta; e em seguida observar, na coisa da qual se trata, que relação tem com os princípios aprovados ou com os objetos deliciosos pelos encantos que são concedidos a ela.

De modo que a arte de persuadir consiste tanto na de agradar quanto na de convencer, tanto os homens se governam mais pelo capricho do que pela razão!

Ora, desses dois métodos, um de convencer, outro de agradar, darei aqui as regras apenas do primeiro; e ainda no caso em que se tenha concordado com os princípios e que se permaneça firme em aprová-los; aliás, não sei se haveria uma arte para adaptar as provas à inconstância de nossos caprichos.

Contudo, a maneira de agradar é sem comparação bem mais difícil, mais sutil, mais útil e mais admirável. Assim, se não trato dela, é porque não sou capaz e me sinto de tal modo desproporcional a ela que, para mim, creio ser uma coisa absolutamente impossível.

Não é que eu não creia que haja regras tão seguras para agradar quanto para demonstrar e que quem as pudesse perfeitamente conhecer e praticar não obteria sucesso tão seguramente em se fazer amar pelos reis e por todos os tipos de pessoa quanto em demonstrar os elementos da geometria àqueles que têm imaginação suficiente para compreender suas hipóteses.

Contudo, penso, e talvez seja minha fraqueza que me faz crer nisso, que é impossível chegar a tanto. Ao menos, sei que, se alguém é capaz, são pessoas que conheço e que ninguém tem sobre isso luzes tão claras e tão abundantes.

A razão dessa extrema dificuldade advém de os princípios do prazer não serem firmes e estáveis. São diversos em todos os homens e variáveis em cada um em particular, com uma tal diversidade que não há homem mais diferente de um outro do que de si mesmo em tempos diversos. Um homem tem prazeres diferentes dos de uma mulher; um rico e um pobre os têm diferentes; um príncipe, um guerreiro, um comerciante, um burguês, um camponês, os velhos, os jovens, os sãos, os doentes, todos variam; os menores acidentes os alteram.

Ora, há uma arte, e é esta que dou, para mostrar a ligação das verdades com seus princípios, seja da verdade, seja do prazer, desde que os princípios uma vez aprovados permaneçam firmes e sem jamais ser desmentidos.

Contudo, como há poucos princípios desse tipo e como, fora da geometria, que considera apenas as linhas muito simples, quase não há verdades acerca das quais permaneçamos sempre de acordo e, menos ainda, objetos de prazer acerca dos quais não mudemos a toda hora, não sei se há um meio de dar regras firmes para adequar os discursos à inconstância de nossos caprichos.

Essa arte, que chamo de arte de persuadir, e que é propriamente apenas a condução das provas metódicas perfeitas, consiste em três partes essenciais: definir com definições claras os termos dos quais se deve se servir;

propor princípios ou axiomas evidentes para provar a coisa de que se trata; e sempre substituir mentalmente na demonstração os definidos pelas definições.

E a razão desse método é evidente, pois seria inútil propor o que se quer provar e buscar sua demonstração se antes não se houvesse definido claramente todos os termos que não são inteligíveis; e, do mesmo modo, é preciso que a demonstração seja precedida da postulação[17] dos princípios evidentes que lhe são necessários. Pois, caso não se assegure o fundamento, não se pode assegurar o edifício; e é preciso, enfim, ao demonstrar, substituir mentalmente os definidos pelas definições, pois de outro modo poder-se-ia abusar dos diversos sentidos que se encontram nos termos. E é fácil ver que, observando esse método, fica-se seguro de convencer, pois, estando entendidos todos os termos e perfeitamente isentos de equívoco pelas definições e havendo acordo sobre os princípios, se na demonstração se substitui sempre mentalmente os definidos pelas definições, a força invencível das consequências não pode deixar de ter todo seu efeito.

Assim, jamais uma demonstração na qual essas circunstâncias são observadas pode estar sujeita à menor dúvida; e jamais aquelas em que elas faltam podem ter força.

Portanto, é importante bem compreendê-las e dominá-las e é por isso que, para tornar a coisa mais fácil

---

[17] No original, *demande*; a rigor, "postulado", segundo um dos sentidos apontados por Furetière no verbete correspondente em seu *Dictionnaire Universel* de 1690. *Demander* e seus cognatos ocorrem duas vezes no *Do espírito geométrico* e outras sete no *Da arte de persuadir*, mas a gama de significados que recobrem não encontra equivalente em português, razão pela qual optou-se, conforme o contexto, por "questionar", "requisitar" e "postular".

e mais presente, eu darei todas nessas poucas regras que contêm tudo que é necessário para a perfeição das definições, dos axiomas e das demonstrações e, por conseguinte, do método inteiro das provas geométricas da arte de persuadir.

Regras para as definições

1. Não buscar definir nenhuma das coisas de tal modo conhecidas por si mesmas que não haja termos mais claros para explicá-las.
2. Não admitir nenhum termo um pouco obscuro ou equívoco sem definição.
3. Não empregar na definição dos termos senão palavras perfeitamente conhecidas ou já explicadas.

Regras para os axiomas

1. Não admitir nenhum dos princípios necessários sem haver requisitado se há acordo, por mais claro e evidente que ele possa ser.
2. Não postular como axioma senão coisas perfeitamente evidentes por si mesmas.

Regras para as demonstrações

1. Não buscar demonstrar nenhuma das coisas que são de tal modo evidentes por si mesmas que não haja nada mais claro para prová-las.
2. Provar todas as proposições um pouco obscuras e não empregar em sua prova senão axiomas muito evidentes ou proposições já acordadas ou demonstradas.
3. Sempre substituir mentalmente os definidos pelas definições para não se enganar pelo equívoco dos termos que as definições restringiram.

Eis as oito regras que contêm todos os preceitos das provas sólidas e imutáveis. Delas, há três que não são absolutamente necessárias e que podem ser negligenciadas sem erro, porque é mesmo difícil e como que impossível observá-las sempre exatamente, embora seja mais perfeito fazê-lo tanto quanto possível. São as três primeiras de cada uma das partes:

Para as definições

1. Não definir nenhum dos termos que são perfeitamente conhecidos.

Para os axiomas

1. Não admitir questionar nenhum dos axiomas perfeitamente evidentes e simples.[18]

Para as demonstrações

1. Não demonstrar nenhuma das coisas bem conhecidas por si mesmas.

Pois, sem dúvida, não é uma grande falta definir e explicar bem claramente as coisas, embora muito claras por si mesmas, nem admitir questionar de antemão axiomas que não podem ser recusados onde são necessários, nem, enfim, provar proposições com as quais se concordaria sem prova.

Contudo, as cinco outras regras são de uma absoluta necessidade e não se pode dispensá-las sem uma falta

---

[18] Como se pode notar, nesta segunda ocorrência, há uma alteração na regra. Antes, a prescrição era requisitar se havia acordo, por mais claro e evidente que o princípio pudesse ser; agora, ao que parece, prescreve-se não admitir questionar os axiomas perfeitamente evidentes e simples.

essencial e frequentemente sem erro; e é por isso que as retomarei aqui em particular.

Regras necessárias para as definições

2. Não admitir nenhum termo um pouco obscuro ou equívoco sem definição.

3. Não empregar nas definições senão termos perfeitamente conhecidos ou já explicados.

Regras necessárias para os axiomas

2. Não postular como axioma senão coisas perfeitamente evidentes.

Regras necessárias para as demonstrações

2. Provar todas as proposições não empregando em sua prova senão axiomas muito evidentes por si mesmos ou proposições já demonstradas ou acordadas.

3. Não abusar jamais do equívoco dos termos deixando de os substituir mentalmente pelas definições que os restringem e os explicam.

Eis as cinco regras que formam tudo o que há de necessário para tornar as provas convincentes, imutáveis e, para dizer tudo, geométricas; e as oito regras em conjunto as tornam ainda mais perfeitas.

Passo agora àquelas da ordem na qual as proposições devem ser dispostas para ficarem numa sequência excelente e geométrica.

Depois de ter estabelecido [*lacuna*].

Eis em que consiste essa arte de persuadir que se encerra nestas duas regras: definir todos os nomes atribuídos; provar tudo, substituindo mentalmente os definidos pelas definições.

Sobre isso me parece apropriado antecipar três objeções principais que poderão ser feitas. Uma, que esse método nada tem de novo.

Outra, que é bem fácil de aprender sem que para tanto seja necessário estudar os elementos de geometria, pois ele consiste nessas duas palavras que se sabe à primeira leitura.

E, enfim, que é bastante inútil, pois seu uso quase se encerra somente nas matérias geométricas.

Sobre isso é preciso mostrar que não há nada tão desconhecido, nada mais difícil de praticar e nada mais útil e mais universal.

Quanto à primeira objeção, a de que essas regras são comuns no mundo, de que é preciso tudo definir e tudo provar, e que os próprios lógicos as colocaram entre os preceitos de sua arte, gostaria que a coisa fosse verdadeira e que fosse tão conhecida que eu não tivesse tido o trabalho de investigar com tanto cuidado a fonte de todas as faltas dos raciocínios, que são verdadeiramente comuns. Contudo, isso o é tão pouco que, excetuando somente os geômetras, que existem em tão pequeno número que são únicos em todo um povo e num longo tempo, não se vê ninguém que o saiba também. Será fácil fazê-lo entender àqueles que tiverem perfeitamente compreendido o pouco que disse a respeito. Contudo, se não o conceberam perfeitamente, confesso que não terão nada a aprender.

Contudo, se entraram no espírito dessas regras e se elas tiverem causado impressão suficiente para se enraizar e se consolidar, eles perceberão quanta diferença há entre o que é dito aqui e o que alguns lógicos, talvez, tenham escrito a respeito que se aproxime disto por acaso em alguns lugares de suas obras.

Quem tem espírito de discernimento sabe quanta diferença há entre duas palavras semelhantes, conforme os lugares e as circunstâncias que as acompanham. Crer-se-á, na verdade, que duas pessoas que leram e aprenderam de cor o mesmo livro o conheçam igualmente, se uma o compreende de modo que saiba todos os seus princípios, a força das consequências, as respostas às objeções que se podem fazer e toda a economia da obra, ao passo que na outra seriam palavras mortas e sementes que, embora semelhantes àquelas que produziram árvores tão férteis, permaneceram secas e infrutíferas no espírito estéril que em vão as recebeu?

Nem todos os que dizem as mesmas coisas as dominam do mesmo modo; e é por isso que o incomparável autor de *A arte da conversação*[19] se detém com tanto cuidado em fazer entender que não se deve julgar a capacidade de um homem pela excelência de uma boa palavra que se o escutou dizer; mas, em lugar de estender a admiração de um bom discurso à pessoa, que se penetre, diz ele, no espírito do qual saiu; que se verifique se ele o sustenta de memória ou por um feliz acaso; que ele seja recebido com frieza e com desprezo a fim de ver se sentirá que não se dá ao que diz a estima que seu valor merece. Muito frequentemente, ver-se-á que se o fará se retratar na hora e que se o levará bem longe desse pensamento melhor em que não acredita para lançá-lo noutro completamente baixo e ridículo. É preciso então sondar como esse pensamento está alojado em seu autor; como, por onde, até que ponto ele o domina. De outro modo, o juízo precipitado será julgado temerário.

---

[19] O "incomparável autor" é Michel de Montaigne (1533-1592), autor dos *Ensaios*, em cujo livro três, no oitavo ensaio, encontra-se *A arte da conversação*.

Gostaria de questionar a pessoas equânimes se este princípio, *a matéria possui uma incapacidade natural invencível de pensar* e este, *penso, logo existo,* são de fato uma mesma coisa no espírito de Descartes e no espírito de Santo Agostinho, que disse a mesma coisa mil e duzentos anos antes.

Na verdade, estou bem longe de dizer que Descartes não seja seu verdadeiro autor, mesmo que o tenha aprendido apenas na leitura desse grande santo, pois sei quanta diferença há entre escrever uma palavra ao acaso, sem fazer uma reflexão mais longa e mais extensa, e perceber nessa palavra uma série admirável de consequências que prova a distinção das naturezas material e espiritual e fazer disso um princípio firme e sustentado de uma física inteira, como Descartes pretendeu fazer. Pois, sem examinar se ele obteve efetivo sucesso em sua pretensão, suponho que o tenha obtido, e é com essa suposição que digo que essa palavra é tão diferente em seus escritos da mesma palavra nos outros que a disseram de passagem quanto um homem morto o é de um homem cheio de vida e de força.

Alguém dirá uma coisa por si mesmo sem compreender sua excelência ao passo que um outro compreenderá uma série maravilhosa de consequências que nos faz dizer ousadamente que não é mais a mesma palavra e que ele não a deve mais àquele com quem a aprendeu do que uma árvore admirável não pertencerá àquele que lançou a semente, sem pensar e sem conhecê-la, numa terra abundante que dela assim teria se aproveitado por sua própria fertilidade.

Os mesmos pensamentos crescem às vezes de modo totalmente diferente num outro do que em seu autor: inférteis no seu campo natural, abundantes uma vez transplantados.

Contudo, ocorre bem mais frequentemente que um bom espírito faça ele mesmo seus próprios pensamentos produzirem todo fruto de que são capazes e que, em seguida, alguns outros, tendo ouvido serem estimados, tomam-nos emprestados e se ornam com eles, mas sem conhecer sua excelência; e é então que a diferença de uma mesma palavra em bocas diferentes mais aparece.

É desse modo que a lógica talvez tenha tomado emprestadas as regras da geometria sem compreender sua força. E, assim, colocando-as ao acaso entre as que lhe são próprias, não se segue daí que tenham entrado no espírito de geometria; e estarei bem longe, se não derem outras marcas senão de as terem dito de passagem, de colocá-los à altura dessa ciência que ensina o verdadeiro método de conduzir a razão.

Contudo, ao contrário, estarei bem disposto a excluí-los dessa ciência e quase sem retorno, pois terem-nas dito de passagem sem terem notado que tudo está encerrado em seu interior e, em lugar de seguir suas luzes, extraviar-se a perder de vista depois de investigações inúteis para correr para o que aquelas oferecem e não podem dar, é verdadeiramente mostrar que não se é perspicaz, e bem mais do que se as tivesse deixado de seguir apenas porque delas não se havia apercebido.

O método de não errar é buscado por todo mundo. Os lógicos fazem profissão de a ele conduzir, somente os geômetras chegam a ele e, fora de sua ciência e do que a imita, não há verdadeiras demonstrações. E toda arte está encerrada somente nos preceitos que apresentamos. Eles bastam sozinhos. Eles provam sozinhos. Todas as outras regras são inúteis ou prejudiciais.

Eis o que sei por uma longa frequentação de todos os tipos de livro e de pessoa.

E sobre isso faço o mesmo juízo acerca dos que dizem que os geômetras não lhes dão nada de novo com suas regras, porque eles de fato as tinham, mas misturadas numa multidão de outras inúteis ou falsas das quais não podiam discerni-las, do que acerca daqueles que, procurando um diamante de grande valor entre um grande número de falsos, mas dos quais não saberiam distingui-lo, gabar-se-iam, mantendo-os todos juntos, de possuir o verdadeiro tanto quanto aquele que, sem se deter nesse amontoado vil, coloca a mão na pedra preciosa que se busca e pela qual não se jogava fora todo o resto.

A falta de um raciocínio falso é uma doença que se cura com esses dois remédios. Um outro foi composto com uma infinidade de ervas inúteis no qual as boas se encontram envolvidas e aí permanecem sem efeito por causa das más qualidades dessa mistura.

Para descobrir todos os sofismas e todos os equívocos dos raciocínios capciosos, inventaram nomes bárbaros que espantam quem os escuta; e, apesar de não se poder desfazer todas as dobras desse nó tão enrolado senão puxando uma das pontas que os geômetras assinalam, eles indicaram um número estranho de outras nas quais aquelas se encontram compreendidas sem que saibam qual é a boa.

E, assim, mostrando-nos um número de caminhos diferentes, que dizem nos conduzir aonde almejamos, embora haja apenas dois que para lá conduzem, é preciso saber indicá-los de forma específica. Pretender-se-á que a geometria, que os assinala com exatidão, dá apenas o que já se tinha dos outros, porque davam de fato a mesma coisa e outras mais, sem se atentar que esse presente perdia seu valor pela sua abundância e que eles o diminuíam ao fazer acréscimos.

Nada é mais comum do que as coisas boas: a questão é discerni-las; e é certo que são todas naturais e estão a nosso alcance e até são conhecidas por todo mundo. Contudo, não se sabe distingui-las. Isso é universal. Não é nas coisas extraordinárias e insólitas que se encontra a excelência, seja de que gênero for. Elevar-se para chegar a ela é afastar-se dela. Mais frequentemente, é preciso se rebaixar. Os melhores livros são os que aqueles que os leem creem que teriam podido fazê-los. A natureza, única que é boa, é totalmente familiar e comum.

Não tenho dúvida, portanto, de que essas regras, sendo as verdadeiras, devem ser simples, sem artifícios, naturais, como são. Não são *barbara* e *baralipton*[20] que formam o raciocínio. Não é preciso guindar o espírito. As maneiras difíceis e penosas o enchem de uma tola presunção por uma elevação estranha e por uma afetação vã e ridícula em lugar de uma nutrição sólida e vigorosa.

E uma das principais razões que tanto afastam os que entram nesses conhecimentos do verdadeiro caminho que devem seguir é a imaginação que se tem de antemão de que as coisas boas são inacessíveis, dando-lhes o nome de grandes, altas, elevadas, sublimes. Isso põe tudo a perder. Eu gostaria de denominá-las baixas, comuns, familiares. Esses nomes lhes convêm melhor. Odeio essas palavras de afetação...

---

[20] *Barbara* e *baralipton* são formas escolásticas de silogismos.

Excerto de um fragmento da
Introdução à geometria

Excerto de um fragmento da Introdução à geometria do Senhor Pascal *é o título presente no manuscrito, redigido por Leibniz, cuja fonte seria um documento que lhe fora dado por Filleau des Billettes, possivelmente entre 1672 e 1676, contendo parte dos* Elementos de Geometria, *que Pascal teria escrito ao longo de 1655. Entretanto, como a palavra "excerto" é um retoque tardio das mãos do próprio Leibniz, é possível que ele tenha feito alterações no original, não apenas lhe atribuindo um título, mas também resumindo e suprimindo passagens. Leibniz ainda lhe acrescentou comentários, os quais são traduzidos aqui, seguindo mais uma vez a edição de J. Mesnard. A primeira publicação do* Excerto *se deve a C. Gerhardt e ocorreu em 1892.*

Excerto de um fragmento da *Introdução à geometria* do Senhor Pascal que o Senhor des Billettes me transmitiu

Primeiros princípios e definições

Princípio 1. O objeto da geometria pura é o *espaço*, do qual ela considera a tripla extensão em três sentidos diversos, chamados dimensões, as quais se distinguem pelos nomes de *comprimento*, *largura* e *profundidade*, dando-se indiferentemente cada um desses nomes a cada uma dessas dimensões, desde que não se dê o mesmo a duas ao mesmo tempo. Ela pressupõe que todos esses termos são conhecidos por si mesmos.[1]

---

[1] *[Acréscimo de Leibniz entre colchetes]* O *espaço* é um lugar extenso a partir de uma parte em todos os sentidos ou é um lugar que tem partes em todos os sentidos, a partir de um ponto que nele pode ser tomado. *Extenso* é o que tem partes perceptíveis simultaneamente. *Parte* é uma coisa que, junto com uma outra coisa, é o mesmo que

Princípio 2. O espaço é infinito em todas as dimensões.

Princípio 3. ...e imóvel no todo e em cada uma de suas partes.

Definição do corpo geométrico da superfície, da linha, do ponto: *princípios 4, 5, 6*.

Princípio 7. Os pontos diferem apenas na posição.

Princípio 8. As linhas, na posição, grandeza e direção. As retas, pelo caminho mais curto.

Princípio 9. A distância entre dois pontos é a linha reta.

Princípio 10. As superfícies podem diferir na posição, em comprimento, largura, conteúdo, direção. As superfícies planas são limitadas em todas as partes por linhas retas e que se estendem diretamente de uma à outra.[2]

---

uma terceira que chamamos de *Todo*. *Sucessivo* é o que tem todas as suas partes perceptíveis em tempos diferentes. O *espaço* é uma coisa extensa e nada mais. Um *corpo* é uma coisa extensa capaz de agir. *Agir* é ser causa de uma mudança. *Causa* é uma coisa tomada num certo estado no qual não pode estar sem que uma outra ocorra, e pode ser perfeitamente entendida antes da outra. A outra se chama *efeito*. Ou: *effectus est quicquid sequitur alio posito, et est natura posterius ipso. Natura prius est quod ante alterum perfecte intelligi potest.* ["Efeito é aquilo que se segue a outra coisa dada, e é por natureza posterior à coisa. Por natureza anterior é aquilo que se pode compreender completamente antes de outra entidade."] Duas coisas são *contínuas* quando têm uma parte comum. O *lugar* é uma coisa cujo espaço tem uma parte que é a mesma do espaço de uma outra coisa. O *espaço de uma coisa* é o espaço cuja extensão é igual e semelhante à da coisa; e cada parte de uma dessas extensões é percebida com cada parte da outra. Uma coisa *está em* outra quando todas as partes da primeira só podem ser percebidas com as partes da outra. Assim, uma parte está no seu todo: não se dirá que o espaço está no corpo que o preenche. Estar numa coisa é estar localizado de modo que, para estar com uma, é preciso estar antes com a outra.

[2] *[Acréscimo de Leibniz entre parênteses] An minima superficierum inter datas lineas? An cujus partes quibuslibet congruere possunt, ut est recta?* ["Será

Advertência

Consideramos aqui apenas os planos.

Uma linha é igual a uma outra quando a extensão de uma é igual à da outra.

Teoremas conhecidos naturalmente

1. As linhas retas iguais entre si diferem apenas na posição, uma sendo, quanto ao resto, totalmente semelhante à outra.
2. Os círculos que têm semidiâmetros iguais são iguais. E os círculos iguais diferem apenas na posição.
3. Os arcos iguais dos mesmos círculos diferem apenas na posição.
4. As cordas de arcos iguais de dois círculos iguais ou de um mesmo círculo diferem apenas na posição ou são iguais entre si.
5. Todo diâmetro divide a circunferência em duas porções iguais, cada uma delas chamada de semicírculo.
6. A interseção de duas linhas é um ponto.
7. Se, a partir de um ponto tomado dentro de um espaço limitado em todas as partes por uma ou por várias linhas passa uma linha reta infinita, ela cortará as linhas que limitam esse espaço em ao menos dois pontos.
8. Se há dois pontos, um aquém, outro além de uma linha reta, então uma linha reta que vai de um ponto ao outro corta a linha reta que está entre os dois em um e somente em um ponto.
9. A linha reta infinita que passa por um ponto que esteja dentro de um círculo corta a circunferência em dois e somente em dois pontos.

---

que uma superfície mínima pode se encontrar entre linhas dadas? O que pode ter partes congruentes a qualquer coisa reta?"]

10. A circunferência que passa em dois pontos, um dentro de um outro círculo, outro fora, corta-o em dois e somente em dois pontos.

11. Se duas circunferências têm reciprocamente pontos de uma dentro da outra, elas se entrecortarão em dois e somente em dois pontos.

12. Se uma circunferência tem um de seus pontos além de uma linha reta infinita e seu centro além ou na mesma linha reta, ela cortará a mesma linha reta em dois pontos.

Carta ao Padre Noël

Publicadas em meados de outubro de 1647, as Novas experiências sobre o vácuo *receberam, de modo praticamente imediato, sob a forma de uma carta endereçada a Pascal, uma série de objeções por parte do Padre E. Noël, da Companhia de Jesus. A resposta de Pascal não tardou: data de 29 ainda do mês de outubro. Em novembro de 1647, Padre Noël escreveu sua tréplica. A correspondência entre os dois circulou entre os homens de ciência e foi publicada pela primeira vez por Bossut, em 1779, a partir de uma única fonte, o manuscrito proveniente da família Périer. J. Mesnard, porém, colacionou-o com os outros manuscritos existentes, como o de Conrart e Amproux, chegando assim a um melhor estabelecimento do texto.*

Ao Reverendíssimo Padre Noël
Reitor da Sociedade de Paris, em Paris

Meu Reverendíssimo Padre,

A honra que me destes ao me escrever me faz romper o plano que havia feito de não resolver nenhuma das dificuldades que relatei em meu *resumo*[1] senão no tratado completo no qual estou trabalhando; pois, dado que as cortesias de vossa carta estão conjugadas às objeções que me fizestes, não posso dividir minha resposta, nem reconhecer umas sem satisfazer as outras.

Contudo, para fazê-lo mais ordenadamente, deixai-me vos relatar uma regra universal que aplico em todos

---

[1] Pascal se refere à obra *Novas experiências sobre o vácuo*, de 1647, na qual se encontra resumidamente o que um tratado posterior haveria de desdobrar. Pascal, entretanto, possivelmente não chegou a terminar o *Tratado do vácuo* (do qual há o *Prefácio*, traduzido a seguir, e poucos fragmentos), mas redigiu os *Tratados do equilíbrio dos líquidos e do peso da massa de ar*, publicados postumamente em 1663.

os assuntos particulares em que se trata de reconhecer a verdade. Não duvido que ficaríeis de acordo com ela, dado que geralmente é acolhida por todos que olham as coisas sem pré-julgamento e que ela se constitui na principal diferença entre a maneira com que se lida com as ciências nas escolas e a que está em uso entre as pessoas que investigam o que é verdadeiramente sólido e que preenche e satisfaz plenamente o espírito: é que não se deve jamais fazer um juízo decisivo da negativa ou da afirmativa de uma proposição a não ser que o que se afirma ou se nega satisfaça uma destas duas condições, a saber, ou que apareça tão clara e tão distintamente por si mesmo aos sentidos ou à razão, conforme estiver sujeito a um ou a outro, que o espírito não tenha meio algum de duvidar de sua certeza, e isso é o que chamamos de *princípios* ou *axiomas*; como, por exemplo, *se a coisas iguais acrescentam-se coisas iguais, os todos serão iguais*; ou que se deduza por consequências infalíveis e necessárias de tais princípios ou axiomas, de cuja certeza depende toda aquela das consequências que deles são bem extraídas; como esta proposição, *os três ângulos de um triângulo são iguais a dois ângulos retos*, que, não sendo visível por si mesma, é demonstrada com evidência por consequências infalíveis de tais axiomas. Tudo que satisfaça uma dessas duas condições é certo e verdadeiro e tudo que não satisfaça a nenhuma delas passa como duvidoso e incerto. E nós fazemos um juízo decisivo das coisas do primeiro tipo e deixamos as outras na indecisão, de modo que nós as chamamos, conforme seu mérito, ora *visão*, ora *capricho*, às vezes *fantasia*, às vezes *ideia* e no máximo *belo pensamento*, e, porque não se pode afirmá-las sem temeridade, tendemos antes para a negativa: prontos, entretanto, para recorrer à outra, se uma demonstração evidente nos mostrar sua verdade. E reservamos aos mistérios da fé, que o próprio Espírito Santo revelou, a submissão de espírito que conduz nossa crença a mistérios escondidos aos sentidos e à razão.

Posto isso, venho à vossa carta, em cujas primeiras linhas, para provar que esse espaço[2] é um corpo, vós vos servis destes termos: *Digo que é um corpo, pois realiza ações de um corpo, transmite a luz com refrações e reflexões, provoca um retardamento no movimento de um outro corpo*; nos quais observo que, no plano que tendes de provar que é um corpo, tomais como princípio duas coisas: a primeira é que ele transmite a luz com refrações e reflexões; a segunda, que retarda o movimento de um corpo. Desses dois princípios, o primeiro não pareceu verdadeiro a nenhum dos que quiseram experimentá-lo e sempre observamos, ao contrário, que o raio que penetra o vidro e esse espaço não tem outra refração senão a que o vidro lhe causa e que, assim, se alguma matéria o preenche, ela não desvia de maneira alguma o raio, ou sua refração não é perceptível; de modo que, como sem dúvida não experimentastes nada de contrário a isso, creio que o sentido de vossas palavras é que o raio refletido ou desviado pelo vidro passa através desse espaço e que, por isso e pelos corpos aí caírem num certo tempo, quereis concluir que uma matéria o preenche, a qual transporta a luz e causa o retardamento.

Contudo, meu Reverendo Padre, se relacionarmos isso ao método de raciocinar do qual falamos, descobriremos que seria preciso, de antemão, ter ficado de

---

[2] Referência ao espaço presente no alto do tubo de mercúrio conforme o experimento de Torricelli.

acordo acerca da definição de espaço vazio,[3] de luz e de movimento, e mostrar pela natureza dessas coisas uma contradição manifesta nestas proposições: "Que a luz penetra um espaço vazio e que um corpo nele se move num certo tempo". Até que isso se dê vossa prova não poderá se sustentar e, dado que, além disso, a natureza da luz é desconhecida tanto a vós como a mim; que, de todos que tentaram defini-la, ninguém satisfez nenhum dos que buscam as verdades palpáveis; e que ela talvez nos ficará eternamente desconhecida, creio que esse argumento ficará um longo tempo sem receber a força que lhe é necessária para tornar-se convincente.

Pois considerai, eu vos peço, como é possível concluir infalivelmente que a natureza da luz é tal que ela não pode subsistir no vazio, quando se ignora a natureza da luz. Se nós a conhecêssemos tão perfeitamente quanto a ignoramos, saberíamos talvez que ela subsistiria no vazio com mais brilho do que em qualquer outro *medium*, como vemos que sua força aumenta conforme o *medium* no qual está se torna mais rarefeito e assim, de algum modo, mais próximo do vazio. E se soubéssemos a do movimento, não tenho dúvida alguma que nos pareceria que ele deveria ocorrer no vazio em quase tanto tempo quanto no ar, cuja irresistência se mostra na igualdade da queda dos corpos de pesos diferentes.

É por isso que, no pouco conhecimento que temos da natureza dessas coisas, se, com uma liberdade semelhante, concebo um pensamento que dou como princípio, posso dizer com igual razão: a luz se sustenta no vazio e o movimento nele se faz num certo tempo. Ora, a luz penetra o espaço aparentemente vazio e o

---

[3] *Vide* se traduz por "vazio" ou "vácuo" indiferentemente.

movimento nele se faz num certo tempo; logo, ele pode estar efetivamente vazio.

Assim, remetamos essa prova ao tempo em que tivermos a compreensão da natureza da luz. Até que isso se dê não posso admitir vosso princípio e vos será difícil prová-lo; e não extraiamos, eu vos peço, consequências infalíveis da natureza de uma coisa, quando a ignoramos: de outro modo, temeria que não estivésseis de acordo comigo acerca das condições necessárias para tornar uma demonstração perfeita e que chamásseis de certo o que chamamos apenas de duvidoso.

Na sequência de vossa carta, como se tivésseis estabelecido invencivelmente que esse espaço vazio é um corpo, vós não vos dais mais ao trabalho senão de buscar qual corpo é esse; e, para decidir afirmativamente qual matéria o preenche, começais com estes termos: "Pressuponhamos que, como o sangue é uma mistura de vários líquidos que o compõem, assim o ar é composto de ar e de fogo e dos quatro elementos que entram na composição de todos os corpos da natureza". Vós *pressupondes* em seguida que o fogo pode ser separado do ar e que, estando separado, pode penetrar os poros do vidro; e *pressupondes* ainda que, estando separado, tem uma inclinação para retornar a ele e ainda que é atraído por ele sem cessar; e explicais esse discurso, bastante compreensível por si mesmo, com comparações que acrescentais.

Contudo, meu Padre, creio que tomais isso como um pensamento e não como uma demonstração e, por mais esforço que eu faça para conciliar o pensamento que tenho sobre isso com o fim de vossa carta, creio que, se quisésseis dar provas, elas não seriam tão pouco fundamentadas, pois, nesse tempo no qual um número tão grande de pessoas sábias busca com tanto cuidado qual matéria preenche esse espaço e no qual essa dificuldade hoje agita tantos espíritos, teria dificuldade em acreditar que, para trazer uma solução tão desejada a uma dúvida tão grande e tão justa, vós não désseis outra coisa senão uma matéria acerca da qual supondes não somente as qualidades, mas ainda a própria existência; de modo que quem *pressupuser* o contrário extrairá uma consequência contrária igualmente necessária. Se essa maneira de provar for acolhida, não será mais difícil resolver as maiores dificuldades; e o fluxo do mar e a atração do ímã tornar-se-ão fáceis de compreender, se for permitido fazer matérias e qualidades propositalmente.

Pois todas as coisas dessa natureza, cuja existência não se manifesta a nenhum dos sentidos, são tão difíceis de acreditar quanto são fáceis de inventar. Muitas pessoas, e mesmo as mais sábias desse tempo, objetaram-me essa mesma matéria antes de vós (mas como um simples pensamento e não como uma verdade constante) e é por isso que fiz menção a ela nas minhas proposições.[4] Outros, para preencher com alguma matéria o espaço vazio, figuraram uma com a qual preencheram todo o universo, pois a imaginação tem isto de próprio, ela produz com muito pouco esforço e tempo as maiores coisas tanto quanto as menores; alguns a fizeram com a mesma substância do céu e dos elementos; outros, com uma substância diferente, conforme sua fantasia, porque dispunham dela como de uma obra sua.

Se lhes for requisitado, como a vós, que nos mostrem essa matéria, respondem que não é visível; caso se requisite que produza algum som, dizem que não pode

---

[4] Pascal se refere às oito proposições presentes na seção correspondente das *Novas experiências sobre o vácuo*.

ser ouvida e assim acerca de todos os outros sentidos; e pensam ter feito muito, quando colocaram os outros na impotência de mostrar que ela não existe, negando a si mesmos todo poder de mostrar que ela existe.

Contudo, encontramos mais motivo para negar sua existência, porque não se pode prová-la, do que para crer nela pela simples razão de que não se pode mostrar que ela não existe.

Pois não se pode crer em todas ao mesmo tempo sem fazer da natureza um monstro e, como a razão não pode tender mais para uma do que para outra por encontrá-las igualmente afastadas, ela recusa todas para se precaver de uma escolha injusta.

Sei que podeis dizer que não fizestes sozinho essa matéria e que uma quantidade de físicos já havia trabalhado nela, mas sobre assuntos dessa natureza não estabelecemos fundamento algum sobre as autoridades: quando citamos os autores, citamos suas demonstrações e não seus nomes; não temos consideração alguma por eles senão nas matérias históricas; de modo que, se os autores que invocais diziam que viram esses pequenos corpos ígneos misturados no ar, aquiesceria suficientemente à sinceridade e à fidedignidade deles para crer que são verdadeiros e acreditaria neles como historiadores; mas, dado que dizem somente que pensam que o ar seja assim composto, vós me permitireis permanecer na minha primeira dúvida.

Enfim, meu Padre, considerai, eu vos peço, que todos os homens juntos não poderiam demonstrar que corpo algum sucede àquele que deixa o espaço aparentemente vazio e que não é possível ainda a todos os homens mostrar que, quando a água a ele retorna, algum corpo dele saia. Isso não seria suficiente, conforme vossas máximas, para assegurar que esse espaço está vazio? Entretanto, digo simplesmente que minha opinião é que ele está vazio. Julgai se os que falam com tanta contenção de uma coisa sobre a qual têm o direito de falar com tanta segurança poderão fazer um juízo decisivo da existência dessa matéria ígnea, tão duvidosa e tão pouco estabelecida.

Depois de ter suposto essa matéria com todas as qualidades que quisestes lhe dar, vós explicais algumas de minhas experiências. Não é uma coisa muito difícil explicar como um efeito pode ser produzido, supondo a matéria, a natureza e as qualidades de sua causa. Entretanto, é difícil que os que as figuram se defendam de uma vã complacência e de um encantamento secreto que encontram em suas invenções, principalmente quando as ajustaram tão bem que, das imaginações que supuseram, concluem necessariamente verdades já evidentes.

Contudo, eu me sinto obrigado a vos dizer duas palavras sobre esse assunto; é que todas as vezes em que, para encontrar a causa de vários fenômenos conhecidos, faz-se uma hipótese, essa hipótese pode ser de três tipos.

Pois às vezes conclui-se um manifesto absurdo de sua negação e então a hipótese é verdadeira e constante; ou bem conclui-se um absurdo manifesto de sua afirmação e então a hipótese é tida como falsa; e, quando ainda não se pôde extrair absurdo nem de sua negação, nem de sua afirmação, a hipótese permanece duvidosa; de modo que, para fazer com que uma hipótese seja evidente, não basta que todos os fenômenos dela se sigam, ao passo que, caso se siga algo de contrário a um só dos fenômenos, isso basta para assegurar sua falsidade.

Por exemplo, caso se encontre uma pedra quente sem que se saiba a causa de seu calor, seria tido como o que encontrou a verdadeira quem raciocinasse desta maneira: Pressuponhamos que essa pedra tenha sido posta num grande fogo, do qual tenha sido retirada depois de um pouco de tempo; então essa pedra ainda deve estar quente: ora, ela está quente; e, por consequência, ela foi posta no fogo? Para tanto seria preciso que o fogo fosse a única causa do calor; mas, como ele pode provir do sol ou da fricção, sua consequência seria sem força, pois, como uma mesma causa pode produzir vários efeitos diferentes, um mesmo efeito pode ser produzido por várias causas diferentes. É assim que, quando se discorre humanamente acerca do movimento e da estabilidade da Terra, todos os fenômenos dos movimentos e das retrogradações dos planetas se seguem perfeitamente das hipóteses de Ptolomeu, de Tycho, de Copérnico e de muitas outras que podem ser feitas, das quais uma única pode ser a verdadeira. Contudo, quem ousará fazer um discernimento tão grande e quem poderá, sem risco de errar, sustentar uma em detrimento das outras, como, na comparação da pedra, quem poderá com opiniaticidade sustentar que o fogo tenha causado o calor sem se tornar ridículo?

Vedes com isso que, ainda que de vossa hipótese se seguissem todos os fenômenos de minhas experiências, ela seria da natureza das outras; e que, permanecendo sempre nos limites da verossimilhança, jamais chegaria aos da demonstração. Contudo, espero um dia vos fazer ver mais longamente que de sua afirmação seguem-se coisas absolutamente contrárias às experiências. E para aqui tocar nisso em poucas palavras: se é verdade, como supondes, que esse espaço esteja cheio desse ar mais sutil e ígneo e que ele tenha a inclinação que lhe dais de retornar ao ar do qual saiu, e que esse ar exterior tenha a força de atraí-lo novamente *como uma esponja contraída* e que seja por essa atração mútua que o mercúrio se mantenha suspenso e que ela o faça subir mesmo quando se inclina o tubo, segue-se necessariamente que, quando o espaço aparentemente vazio for maior, uma altura maior do mercúrio deve ficar suspensa (contra o que aparece nas experiências), pois, dado que todas as partes desse ar interior e exterior têm essa qualidade atrativa, é invariável, por todas as regras da mecânica, que sua quantidade, aumentada na mesma medida do espaço, deva necessariamente aumentar seu efeito, como uma grande esponja contraída atrai mais água do que uma pequena.

Se, para resolver essa dificuldade, fazeis uma segunda suposição e se fizerdes ainda uma qualidade propositalmente para salvar esse inconveniente, que, não sendo ainda bastante justa, obriga-vos a figurar uma terceira para salvar as duas outras sem prova alguma e sem estabelecimento algum, eu não terei jamais outra coisa a vos responder a esse respeito do que o que já vos disse ou, antes, acreditaria já ter vos respondido.

Contudo, meu Padre, quando digo isso e antecipo de algum modo essas últimas suposições, faço eu próprio uma suposição falsa: não duvidando que, se alguma coisa parte de vós, será apoiada por razões convincentes, pois de outro modo isso seria imitar os que querem somente mostrar que não carecem de palavras.

Enfim, meu Padre, para retomar toda minha resposta, se fosse verdadeiro que esse espaço fosse um corpo (o que estou muito distante de vos conceder) e que o ar estivesse preenchido com espíritos ígneos (o que não considero sequer verossímil) e que tivessem as qualidades que lhes dais (o que é apenas um puro pensamento, que não parece evidente nem a vós, nem a ninguém), disso não se seguiria que o espaço estivesse preenchido com ele. E, mesmo se fosse verdadeiro que, supondo que dele estivesse cheio (o que não parece de modo algum), disso se poderia deduzir tudo o que aparece nas experiências, o mais favorável juízo que se poderia fazer dessa opinião seria colocá-la na categoria dos verossímeis. Contudo, como dela se concluem necessariamente coisas contrárias às experiências, julgai qual lugar ela deve ocupar entre os três tipos de hipóteses de que há pouco falamos.

Próximo ao final de vossa carta, para definir corpo, vós explicais apenas alguns de seus acidentes e ainda correlativos, como *alto, baixo, direita, esquerda*, que compõem propriamente a definição de espaço e que convêm ao corpo apenas na medida em que ocupa o espaço, pois, seguindo vossos próprios autores, o corpo é definido como *o que é composto de matéria e forma*; e o que chamamos de *espaço vazio* é um espaço contendo comprimento, largura e profundidade, imóvel e capaz de receber e conter um corpo de comprimento e figura semelhantes; e é isso que se chama de *sólido* em geometria, na qual se consideram apenas as coisas abstratas e imateriais, de modo que a diferença essencial que se encontra entre o espaço vazio e o corpo que tem comprimento, largura e profundidade é que um é imóvel e o outro móvel; e que um pode receber dentro de si um corpo que penetra suas dimensões ao passo que o outro não pode; pois a máxima que a penetração de dimensões é impossível se aplica somente às dimensões de dois corpos materiais; de outro modo, ela não seria universalmente acolhida. A partir disso se pode ver que há tanta diferença entre o nada e o espaço vazio quanto entre o espaço vazio e o corpo material e que assim o espaço vazio encontra-se no meio entre a matéria e o nada. É por isso que a máxima de Aristóteles da qual falais, *que os não-entes não são diferentes*, aplica-se ao verdadeiro nada e não ao espaço vazio.

Termino com vossa carta onde dizeis que não acreditais que a quarta de minhas objeções,[5] a que diz que uma matéria inaudita e desconhecida por todos os sentidos preenche esse espaço, *seja de algum físico*. Quanto a isso tenho de vos responder que posso vos assegurar do contrário, pois ela é de um dos mais célebres de nosso tempo[6] e que pudestes ver em seus escritos que ele estabelece em todo o universo uma matéria universal, imperceptível e inaudita, de substância semelhante à do céu e à dos elementos; e, mais ainda, que, examinando a vossa, descobri que é tão imperceptível e que tem qualidades tão inauditas, isto é, que não lhe haviam jamais sido dadas, que considero que ela é da mesma natureza.

O período que precede vossas últimas cortesias define a luz nestes termos: *A luz é um movimento luminar de raios compostos de corpos lúcidos, isto é, luminosos*; a esse respeito tenho de vos dizer que me parece que seria preciso primeiramente ter definido o que é *luminar* e o que é *corpo lúcido* ou *luminoso*, pois até que isso se dê não posso entender o que é a luz. E, como jamais empregamos nas definições o termo do *definido*, teria dificuldade de concordar com a vossa, que diz: *a luz* é um movimento *luminar* de corpos *luminosos*. Eis, meu Padre, quais são minhas opiniões, que submeterei sempre às vossas.

De resto, não se pode recusar a vós a glória de ter sustentado a física peripatética tão bem quanto é possível fazê-lo; e considero que vossa carta não é menos uma

---

[5] Essa quarta objeção encontra-se na seção de objeções das *Novas experiências sobre o vácuo*.

[6] Referência a Descartes.

marca da fraqueza da opinião que defendeis do que do vigor de vosso espírito.

E certamente a destreza com a qual defendestes a impossibilidade do vazio, com o pouco de força que lhe resta, permite facilmente julgar que, com um esforço semelhante, teríeis invencivelmente estabelecido a opinião contrária, com as vantagens que as experiências lhe dão.

Uma mesma indisposição me impediu de ter a honra de vos ver e de vos escrever com minha mão. É por isso que vos peço para escusar os erros que aqui se encontrarão e sobretudo na ortografia. Sou, de todo meu coração,

Meu Reverendíssimo Padre,
Vosso mui humilde e mui obediente servidor,
Pascal.
Paris, 29 de outubro de 1647.

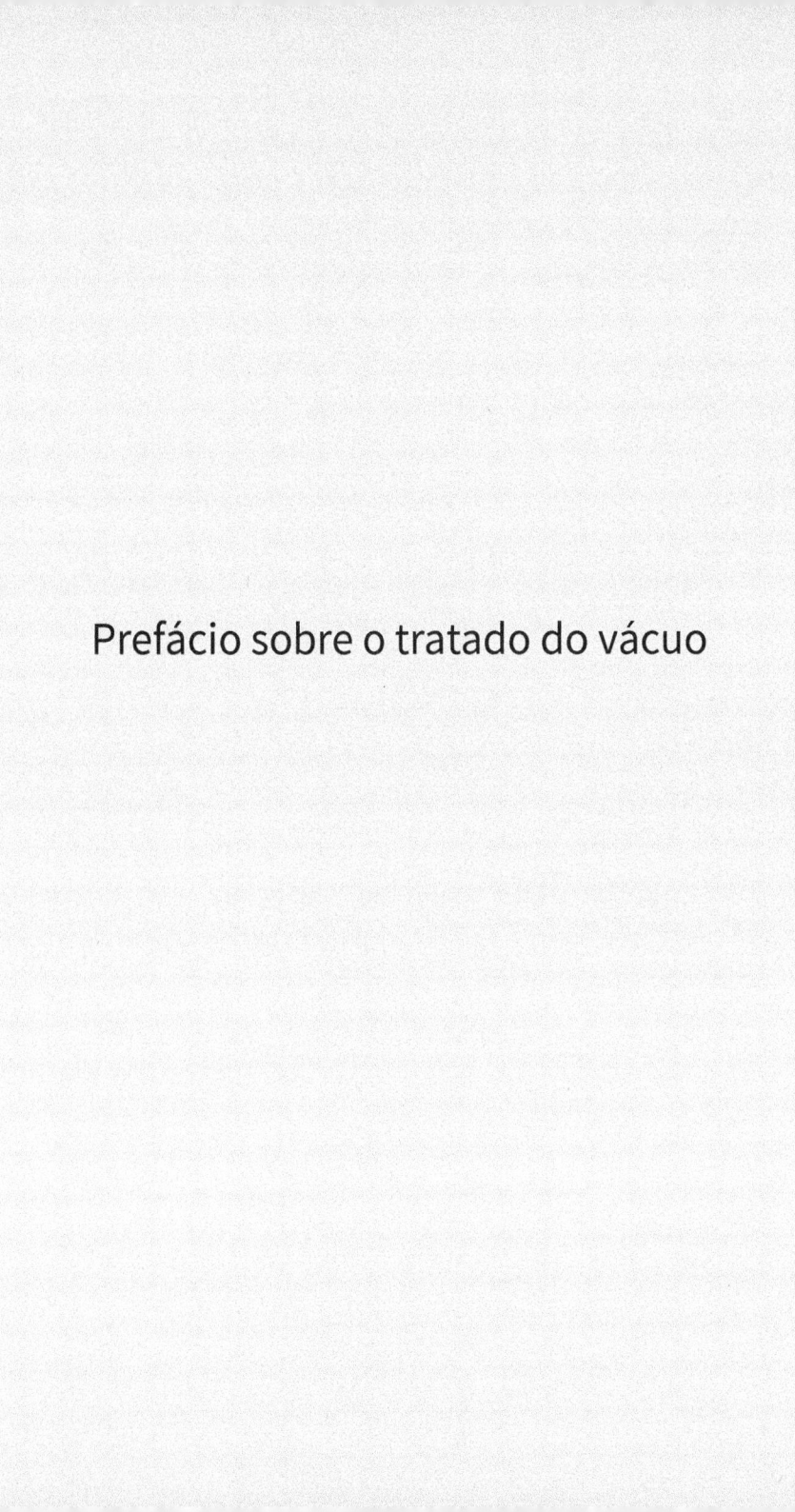

Prefácio sobre o tratado do vácuo

Publicado pela primeira vez por Bossut em 1779 com o título Da autoridade em matéria de filosofia, *o* Prefácio sobre o tratado do vácuo *muito provavelmente data de 1651, supondo que tenha sido composto no mesmo período em que Pascal afirmou, conforme carta ao Senhor de Ribeyre de 12 de julho de 1651, dedicar-se ao acabamento do* Tratado do vácuo, *obra jamais publicada da qual restam apenas fragmentos, mas que fora anunciada por ele próprio já nas* Novas experiências sobre o vácuo *em 1647. Estando perdido o original do* Prefácio, *a única fonte remanescente é o manuscrito do Padre Guerrier, que o transcreveu, em suas próprias palavras, "a partir de uma cópia muito imperfeita e cheia de lacunas". Bastante detalhada, a transcrição do Padre Guerrier indica as lacunas e as dimensões que teriam, informações que foram preservadas por J. Mesnard e são reproduzidas aqui.*

Prefácio sobre o tratado do vácuo

O respeito que se devota à antiguidade chegou hoje a tal ponto, nas matérias em que deve ter menos força, que se tomam como oráculos todos os seus pensamentos e como mistérios até suas obscuridades; que não se pode mais enunciar novidades sem risco e que o texto de um autor basta para destruir as mais fortes razões [*lacuna de cerca de dez linhas*].

Não é que minha intenção seja corrigir um vício com outro e negar toda estima aos antigos porque a eles tem sido dada demasiada.

Não pretendo banir sua autoridade para exaltar somente o raciocínio, embora se queira estabelecer essa autoridade sozinha em detrimento do raciocínio [*lacuna de duas linhas*].

Para fazer essa importante distinção com atenção, é preciso considerar que umas matérias dependem somente da memória e são puramente históricas, tendo como objetivo apenas saber o que os autores escreveram; outras dependem somente do raciocínio e são inteiramente dogmáticas, tendo como objetivo procurar e descobrir as verdades escondidas.

As do primeiro tipo são limitadas, na medida em que os livros nos quais estão contidas [*lacuna*].

É seguindo essa distinção que é preciso regrar diferentemente a extensão desse respeito. O respeito que se deve ter por [*lacuna de duas linhas*].

Nas matérias nas quais se busca somente saber o que os autores escreveram, como na história, na geografia, na jurisprudência, nas línguas [...][1] e sobretudo na teologia, e enfim em todas aquelas que têm por princípio ou o simples fato ou a instituição divina ou humana, é preciso necessariamente recorrer aos seus livros, pois neles está contido tudo que se pode saber acerca delas, donde é evidente que se pode ter um conhecimento completo dessas matérias e que não é possível lhes acrescentar nada.

Caso se trate de saber quem foi o primeiro rei dos franceses, em que lugar os geógrafos situam o primeiro meridiano, quais palavras são usuais numa língua morta, e todas as coisas dessa natureza, quais outros meios senão os livros poderiam nos guiar? E quem poderá acrescentar algo de novo ao que nos ensinam, dado que só se quer saber o que eles contêm?

Nessas matérias, é somente a autoridade que pode nos esclarecer. Contudo, é na teologia que essa autoridade tem sua força principal, porque aí ela é inseparável da

---

[1] A transcrição do Padre Guerrier comporta alguns espaços em branco, indicados aqui com colchetes e reticências, que parecem ser lacunas de menor tamanho, mas que, em alguns casos, são de difícil interpretação, dado que o texto parece fluir sem interrupção.

verdade e nós a conhecemos apenas por ela, de modo que, para obter a certeza completa nas matérias mais incompreensíveis à razão, basta mostrá-las nos livros sagrados, como, para apontar a incerteza das coisas mais verossímeis, é preciso somente mostrar que não estão incluídas neles; porque seus princípios estão acima da natureza e da razão, e porque, sendo o espírito do homem demasiado fraco para alcançá-los por seus próprios esforços, ele não pode chegar a essas altas compreensões se a elas não for levado por uma força onipotente e sobrenatural.

Não se dá o mesmo nos assuntos que caem sob os sentidos ou sob o raciocínio: a autoridade, neste caso, é inútil; somente a razão pode conhecê-los. Elas têm seus direitos separados: ali uma tinha toda vantagem; aqui a outra reina, por sua vez. Contudo, como os assuntos desse tipo são proporcionais ao alcance do espírito, ele encontra uma total liberdade para se estender a eles: sua fecundidade inesgotável produz continuamente e suas descobertas podem ser, conjuntamente, sem fim e sem interrupção [*lacuna*].

É assim que a geometria, a aritmética, a música, a física, a medicina, a arquitetura e todas as ciências que estão submetidas à experiência e ao raciocínio devem ser aumentadas para tornarem-se perfeitas. Os antigos as encontraram somente esboçadas por aqueles que os precederam; e nós as deixaremos àqueles que virão depois de nós num estado mais completo do que as recebemos. Como seu aperfeiçoamento depende do tempo e do esforço, é evidente que, ainda que nosso esforço e nosso tempo tivessem rendido menos do que os trabalhos deles, considerados separadamente dos nossos, todos os dois, entretanto, postos juntos, devem ter mais efeito do que cada um em particular.

O esclarecimento dessa diferença nos deve fazer lamentar a cegueira daqueles que apresentam somente a autoridade como prova nas matérias físicas, em lugar do raciocínio ou das experiências, e nos causar horror pela malícia dos outros, que empregam somente o raciocínio na teologia, em lugar da autoridade da Escritura e dos padres. É preciso avivar a coragem desses tímidos que nada ousam descobrir na física, e desmascarar a insolência desses temerários que produzem novidades em teologia. Todavia, a infelicidade do século é tal que se veem muitas opiniões novas em teologia, desconhecidas de toda a antiguidade, sustentadas com obstinação e acolhidas com aplauso; ao passo que aquelas produzidas na física, embora em pequeno número, parecem dever ser tachadas de falsidade por chocarem, mesmo minimamente, as opiniões herdadas, como se o respeito que se tem pelos filósofos antigos fosse um dever e aquele que se devota aos mais antigos padres fosse somente conveniência! Deixo às pessoas judiciosas que observem a importância desse abuso que perverte a ordem das ciências com tanta injustiça; e creio que haverá poucas que não desejem que essa [...][2] se aplique a outras matérias, pois as descobertas novas são infalivelmente erros nas matérias profanadas impunemente e são absolutamente necessárias para o aperfeiçoamento de tantos outros assuntos incomparavelmente inferiores, em que, no entanto, não se ousaria tocar.

Partilhemos com mais justiça nossa credulidade e nossa desconfiança e limitemos o respeito que temos pelos antigos. Como a razão o faz nascer, ela deve também lhe dar medida; e consideremos que, se eles tivessem permanecido nessa contenção de nada ousar acrescentar aos conhecimentos que tinham recebido ou se aqueles de seu tempo tivessem tido a mesma resistência para receber

---

[2] Faugère propõe "liberdade", conjectura seguida por muitos editores e tradutores.

as novidades que eles lhes ofereciam, teriam privado a si mesmos e sua posteridade do fruto de suas descobertas.

Como eles não se serviram daqueles que lhes haviam sido legados senão como meios para obter novos e já que essa feliz ousadia lhes havia aberto o caminho para grandes coisas, nós devemos tomar os que eles produziram para nós da mesma maneira e, seguindo seu exemplo, fazer deles os meios e não o fim de nosso estudo e, assim, imitando-os, buscar ultrapassá-los.

Pois o que há de mais injusto do que tratar nossos antigos com mais contenção do que tiveram com aqueles que os precederam e ter por eles esse respeito inviolável que mereceram de nós apenas porque não tiveram um similar por aqueles que tiveram sobre eles a mesma vantagem? [*lacuna de cinco ou seis linhas*].

Os segredos da natureza estão escondidos; embora ela atue sempre, nem sempre seus efeitos são descobertos: o tempo os revela de uma época a outra e, embora sempre igual a si mesma, ela não é sempre igualmente conhecida.

As experiências que nos dão uma compreensão dela multiplicam-se continuamente; e, como elas são os únicos princípios da física, as consequências multiplicam-se proporcionalmente.

É desse modo que se pode hoje ter outros pensamentos e novas opiniões sem desprezo e [...] sem ingratidão, pois os primeiros conhecimentos que eles nos deram serviram de degraus aos nossos e, com essas vantagens, nós lhes devemos a ascendência que temos sobre eles; porque, tendo eles se elevado até um certo grau ao qual nos conduziram, o menor trabalho nos faz subir mais alto, e com menos esforço e menos glória nos encontramos acima deles. É por isso que podemos descobrir coisas que lhes era impossível perceber. Nossa visão tem mais extensão, e, embora conhecessem tão bem quanto nós tudo que podiam observar na natureza, não a conheciam tanto, não obstante, e nós vemos mais do que eles.

Entretanto, é estranho o modo como seus pensamentos são reverenciados. Comete-se um crime ao contradizê-los e um atentado ao lhes acrescentar algo, como se não tivessem mais deixado verdades a conhecer.

Isso não é tratar indignamente a razão do homem e colocá-la à altura do instinto dos animais, pois se nega a ela sua principal diferença, que consiste em os efeitos do raciocínio aumentarem sem cessar ao passo que os outros[3] permanecem sempre num mesmo estado? As colmeias das abelhas eram tão bem mensuradas há mil anos quanto hoje e cada uma delas forma esse hexágono tão exatamente na primeira vez quanto na última. Dá-se o mesmo com tudo que os animais produzem por esse movimento oculto. A natureza os instrui à medida que a necessidade os pressiona; mas essa ciência frágil se perde com as necessidades que dela têm. Como a recebem sem estudo, não têm a felicidade de conservá-la; e, todas as vezes que lhes é dada, ela lhes é nova, pois, não tendo a [...][4] natureza como objetivo senão manter os animais numa ordem de perfeição limitada, ela lhes inspira essa ciência necessária [...][5] sempre igual, por medo de que pereçam, e não permite que lhe acrescentem nada, por medo de que ultrapassem os limites que lhes prescreveu. Não se dá o mesmo com o homem, que não foi produzido senão para a infinidade. Ele está na ignorância no primeiro estágio de sua vida, mas se instrui sem cessar em seu progresso, pois se vale não somente de sua própria

---

[3] Isto é, os efeitos do instinto.
[4] Conjectura de Mesnard: "mãe".
[5] Conjectura de Mesnard: "e a mantém".

experiência, mas ainda da de seus predecessores, porque conserva sempre em sua memória os conhecimentos uma vez adquiridos e porque os dos antigos lhe estão sempre presentes nos livros que legaram. E, como conserva esses conhecimentos, pode também aumentá-los facilmente; de modo que os homens estão hoje de algum modo no mesmo estado em que se encontrariam os antigos filósofos, se pudessem ter envelhecido até o presente, acrescentando aos conhecimentos que tinham aqueles que seus estudos teriam lhes permitido adquirir graças a tantos séculos. Disso decorre que, por uma prerrogativa particular, não somente cada um dos homens avança dia a dia nas ciências, mas todos os homens juntos nelas fazem um progresso contínuo à medida que o universo envelhece, porque a mesma coisa ocorre na sucessão dos homens e nas diferentes idades de um homem em particular, de modo que toda a série de homens, durante o curso de tantos séculos, deve ser considerada como um mesmo homem que subsiste sempre e aprende continuamente, donde se vê com quanta injustiça respeitamos a antiguidade em seus filósofos; pois, como a velhice é a idade mais distante da infância, quem não vê que a velhice nesse homem universal não deve ser buscada nos tempos próximos de seu nascimento, mas naqueles que são os mais distantes deles? Os que nós chamamos de antigos eram verdadeiramente novos em todas as coisas e formavam propriamente a infância dos homens; e, como acrescentamos a seus conhecimentos a experiência dos séculos que os sucederam, é em nós que se pode encontrar essa antiguidade que reverenciamos nos outros.

 Eles devem ser admirados pelas consequências que corretamente extraíram dos poucos princípios que tinham e devem ser desculpados por aquelas em que lhes faltou mais o sucesso da experiência do que a força do raciocínio.

Pois não eram eles desculpáveis pelo pensamento que tiveram sobre a Via Láctea, quando, não tendo a fraqueza de seus olhos recebido o auxílio do artifício, atribuíram essa cor a uma maior solidez nessa parte do céu, que reflete a luz com mais força?

Contudo, não seríamos nós indesculpáveis por permanecer no mesmo pensamento, agora que, ajudados pelas vantagens que nos dão a luneta de aproximação, nela descobrimos uma infinidade de pequenas estrelas, cujo esplendor mais abundante nos fez reconhecer qual é a verdadeira causa dessa brancura?

Não tinham eles também motivo para dizer que todos os corpos corruptíveis estavam encerrados na esfera da órbita da lua, quando, durante o curso de tantos séculos, não tinham ainda observado corrupções nem gerações fora desse espaço?

Contudo, não devemos nós afirmar o contrário, quando toda a Terra notoriamente viu cometas se inflamar e desaparecer bem para lá dessa esfera?

É assim que, sobre o tema do vácuo, eles tinham direito de dizer que a natureza não o tolerava, porque todas as suas experiências lhes haviam sempre feito observar que ela o abominava e não o podia tolerar.

Contudo, se as novas experiências lhes tivessem sido conhecidas, talvez teriam encontrado motivo para afirmar o que tiveram motivo para negar enquanto o vácuo ainda não havia aparecido. Ademais, no juízo que fizeram de que a natureza não tolerava o vácuo, não pretendiam falar da natureza senão no estado em que a conheciam; pois, para dizê-lo de modo geral, não teria sido suficiente tê-la visto constantemente em cem ocasiões diferentes, nem em mil, nem em qualquer outro número, por maior que seja; pois, se restasse um único caso a examinar, este único bastaria para impedir a definição geral, e, se um único fosse contrário, esse único [*lacuna de duas linhas*].

Pois, em todas as matérias cuja prova consiste em experiências e não em demonstrações, não se pode fazer nenhuma asserção universal senão pela enumeração geral de todas as partes ou de todos os casos diferentes. É assim que, quando dizemos que o diamante é o mais duro de todos os corpos, entendemos de todos os corpos que conhecemos, e não podemos nem devemos aí incluir aqueles que não conhecemos; e, quando dizemos que o ouro é o mais pesado de todos os corpos, seríamos temerários de incluir nesta proposição geral aqueles que ainda não estão em nosso conhecimento, embora não seja impossível que eles existam na natureza.

Da mesma forma, quando os antigos afirmaram que a natureza não tolerava o vácuo, pretendiam que não o tolerava em todas as experiências que haviam visto e não poderiam, sem temeridade, aí incluir aquelas que não estavam em seu conhecimento. Se elas lhes tivessem sido conhecidas, sem dúvida teriam extraído as mesmas consequências que nós e, com seu consentimento, eles lhes teriam dado a autoridade dessa antiguidade da qual se quer hoje fazer o único princípio das ciências.

É assim que, sem contradizê-los, podemos afirmar o contrário do que diziam e, por mais força, enfim, que tenha essa antiguidade, a verdade deve sempre prevalecer, ainda que recentemente descoberta, porque é sempre mais antiga do que todas as opiniões que dela se tiveram e porque seria ignorar sua natureza imaginar que passou a existir no momento em que começou a ser conhecida.

Carta dedicatória ao Senhor
Chanceler e Aviso necessário

Apenas cerca de um terço das obras de Pascal foi publicado durante sua vida. A Carta dedicatória ao Senhor Chanceler *e o* Aviso necessário *que a acompanha fazem parte desse conjunto. Seus dois únicos exemplares preservados não deixam dúvidas acerca da datação: 1645. Quanto ao estabelecimento do texto, que também não levanta problemas, cabe apenas observar que J. Mesnard lhe restituiu os dois parágrafos finais referentes à exposição e venda da máquina aritmética, como L. Lafuma já havia feito. Sete exemplares da máquina aritmética são hoje conhecidos, podendo haver outros ainda não identificados, no entanto. Aquele oferecido ao Chanceler Séguier foi posteriormente vendido em Bordeaux, onde permaneceu até que, descoberto por F. Strowski em 1908, acabou sendo comprado pela IBM, que, por sua vez, aceitou trocá-lo pelo exemplar que pertencia ao Museu de Artes e Ofícios.*

Carta dedicatória ao Senhor Chanceler

A RESPEITO DA MÁQUINA RECENTEMENTE INVENTADA
PELO SENHOR B. P. PARA FAZER TODOS OS TIPOS
DE OPERAÇÃO DE ARITMÉTICA COM UM MOVIMENTO
REGULADO SEM PENA NEM FICHAS

COM

Um aviso necessário àqueles que tiverem curiosidade
de ver a referida máquina e utilizá-la

M. DC. XLV

Ao Senhor Chanceler

Senhor,

Se o público obtiver algum benefício da invenção que desenvolvi para fazer todos os tipos de cálculo de aritmética de uma maneira tão nova quanto cômoda, ele o deverá mais a Vossa Grandeza do que a meus pequenos esforços, porque eu poderia apenas me gabar de tê-la concebido, mas ela deve seu nascimento absolutamente à honra de suas ordens. As demoras e as dificuldades dos meios comumente utilizados tendo-me feito pensar em algum auxílio mais rápido e mais fácil para me aliviar nos grandes cálculos em que estive ocupado há alguns anos em vários afazeres decorrentes dos empregos com os quais lhe aprouve honrar meu pai para o serviço de Sua Majestade na Alta Normandia, empreguei nessa investigação todo conhecimento que minha inclinação e o trabalho dos meus primeiros estudos me permitiram adquirir nas matemáticas; e, depois de uma profunda meditação, reconheci que esse auxílio não era impossível de encontrar. As luzes da geometria, da física e da mecânica me forneceram seu plano e me asseguraram que seu uso seria infalível, desde que algum artífice pudesse fabricar o instrumento cujo modelo eu havia imaginado. Contudo, foi nesse ponto que encontrei obstáculos tão grandes quanto os que queria evitar e para os quais buscava um remédio. Não tendo a engenhosidade de manusear o metal e o martelo como a pena e o compasso e tendo os artesãos mais conhecimento da prática de sua arte do que das ciências sobre as quais ela está fundada, eu me vi forçado a abandonar todo meu empreendimento, do qual me advinham apenas muitas fadigas sem nenhum bom resultado. Contudo, Senhor, tendo Vossa Grandeza apoiado minha coragem, que se deixava esvair, e tendo-me feito a graça de falar do simples desenho que meus amigos haviam lhe apresentado em termos que me fizeram vê-lo totalmente diferente do que antes me havia parecido, com as novas forças que seus elogios me deram, fiz novos esforços e, suspendendo qualquer outro exercício, não pensava mais senão na construção dessa pequena máquina, que ousei, Senhor, dar-lhe de presente, depois de tê-la colocado em condição de fazer, somente com ela e sem trabalho algum do espírito, as operações de todas as partes da aritmética, conforme o que me havia proposto. É portanto ao Senhor que eu devia esse pequeno ensaio, pois é Vossa Grandeza que me fez fazê-lo; e é também de Vossa Grandeza que espero uma gloriosa proteção dele. As invenções que não são conhecidas têm sempre mais censores do que aprovadores: criticam-se os que as desenvolveram, porque não se tem delas uma compreensão perfeita; e, por um preconceito injusto, a dificuldade que se imagina haver nas coisas extraordinárias faz com que, em lugar de considerá-las para estimá-las, elas sejam tidas como impossíveis a fim de serem rejeitadas em seguida como impertinentes. Aliás, Senhor, bem sei que, entre tantos doutos que penetraram até nos últimos segredos das matemáticas, poder-se-á encontrar quem, de pronto, julgará minha ação temerária, visto que, na juventude em que estou e com tão poucas forças, ousei tentar uma nova rota num campo todo crivado de espinhos e sem ter guia para me abrir o caminho. Contudo, bem quero que me acusem e até que me condenem, se puderem justificar que eu não alcancei exatamente o que havia prometido; e não lhes peço senão o favor de examinar o que fiz e não o de aprová-lo sem conhecê-lo. Assim, Senhor, posso dizer a Vossa Grandeza que já tenho a satisfação de ver minha pequena obra não somente autorizada pela aprovação de alguns dos principais nessa verdadeira ciência, que, por uma preeminência totalmente particular, tem a vantagem de ensinar apenas o que ela demonstra, mas ainda honrada pela estima e recomendação deles; e que mesmo aquele dentre eles cujas produções a maior parte dos outros admira continuamente e acolhe não a julgou indigna de que ele se desse ao trabalho, em meio a suas grandes ocupações, de ensinar tanto sua disposição quanto seu uso àqueles que tiverem algum desejo de utilizá-la.[1] Essas são, verdadeiramente, Senhor, grandes recompensas do tempo que empreguei e do gasto que tive para levar a coisa ao estado no qual lha apresentei. Contudo, permita-me alimentar minha vaidade até o ponto de dizer que elas não me satisfariam inteiramente, se eu não tivesse recebido uma muito mais importante e mais agradável de Vossa Grandeza. Com efeito, Senhor, quando imagino que essa mesma boca, que pronuncia todos os dias oráculos sobre o trono da Justiça, dignou-se a fazer elogios ao ensaio de um homem de vinte anos, que o julgou digno de ser mais de uma vez tema de sua conversa e de ter lugar em seu gabinete entre tantas outras coisas raras e preciosas de que está repleto, fico recoberto de glória e não encontro palavras para demonstrar meu reconhecimento a Vossa Grandeza e minha alegria a todo o mundo. Nessa impotência na qual o excesso de sua bondade me colocou, eu me contentarei em reverenciá-la com meu silêncio; e toda a família de que carrego o nome estando interessada, tanto quanto eu, por esse benefício e por vários outros, em fazer todos os dias votos para sua prosperidade, nós os faremos de coração e tão ardentes e tão contínuos que ninguém poderá se gabar de estar mais devotado

---

[1] Trata-se de Roberval, como fica claro a partir dos dois últimos parágrafos do *Aviso necessário*.

do que nós a seu serviço, nem de carregar mais verdadeiramente do que eu a qualidade,

Senhor, de\
Seu mui humilde e mui obediente servidor.\
B. Pascal

Aviso

NECESSÁRIO ÀQUELES QUE TIVEREM CURIOSIDADE DE VER A MÁQUINA ARITMÉTICA E UTILIZÁ-LA

Amigo leitor, essa advertência servirá para te informar que exponho ao público uma pequena máquina inventada por mim, por meio da qual poderás sozinho, sem qualquer esforço, fazer todas as operações da aritmética e te aliviar do trabalho que tantas vezes te fatigou o espírito, quando operaste com a ficha ou com a pena. Posso, sem presunção, esperar que ela não te desagradará, depois que o Senhor Chanceler a honrou com sua estima e que, em Paris, os que são melhor versados nas matemáticas não a julgaram indigna da aprovação deles. Entretanto, para não parecer negligente em fazê-la conquistar também a tua, acreditei estar obrigado a te esclarecer sobre todas as dificuldades que julguei capazes de chocar teu senso quando tiveres o trabalho de considerá-la.

Não duvido de que, depois de tê-la visto, te venha imediatamente ao pensamento que eu devia ter explicado por escrito tanto sua construção quanto seu uso e que, para tornar esse discurso inteligível, eu estava obrigado até, seguindo o método dos geômetras, a representar com figuras as dimensões, a disposição e a relação de todas as peças, e como cada uma deve estar colocada para compor o instrumento e dispor seu movimento com perfeição;

mas não deves crer que, depois de não ter economizado nem tempo, nem esforço, nem gasto, para levá-la ao ponto de ser útil, eu tivesse negligenciado empregar o que fosse necessário para te contentar nesse ponto, que parecia faltar à sua realização completa, se eu não tivesse sido impedido de fazê-lo por uma consideração tão forte que espero até que ela te force a me desculpar. Sim, espero que aproves que eu tenha me abstido desse discurso, se tiveres o trabalho de refletir, por um lado, sobre a facilidade que há em explicar oralmente e em entender com uma breve conferência a construção e o uso dessa máquina e, por outro lado, sobre o embaraço e a dificuldade que haveria em exprimir por escrito as medidas, as formas, as proporções, as posições e o restante das propriedades de tantas peças diferentes; então tu julgarás que essa doutrina é do número daquelas que podem ser ensinadas apenas de viva voz e que um discurso por escrito acerca dessa matéria seria tanto ou mais inútil e embaraçoso do que aquele que se empregaria na descrição de todas as partes de um relógio, do qual, no entanto, a explicação é fácil quando feita boca a boca; e que aparentemente um tal discurso não poderia produzir outro efeito senão um infalível desgosto no espírito de muitos, fazendo-os conceber mil dificuldades onde não há absolutamente nenhuma.

Agora (caro leitor), julgo necessário advertir-te que prevejo duas coisas capazes de formar algumas nuvens em teu espírito. Sei que há inúmeras pessoas que fazem profissão de encontrar algo a criticar em toda parte e que entre essas aí poder-se-á encontrar quem te afirmará que essa máquina podia ser menos complexa. Essa é a primeira bruma que julgo necessário dispersar. Essa afirmação pode ser feita a ti apenas por certos espíritos que verdadeiramente têm algum conhecimento da mecânica ou da geometria, mas que, por não saberem unir uma à outra, e as duas em conjunto à física, iludem-se ou enganam-se em suas concepções imaginárias e se persuadem de que são possíveis muitas coisas que não o são porque possuem apenas uma teoria imperfeita das coisas em geral, a qual não é suficiente para fazê-los prever em detalhe os inconvenientes que advêm ou da parte da matéria ou dos lugares que devem ocupar as peças de uma máquina cujos movimentos são diferentes, a fim de que sejam livres e não possam se impedir mutuamente. Portanto, quando esses sábios imperfeitos afirmarem que essa máquina podia ser menos complexa, eu te conjuro a lhes dar a resposta que eu mesmo lhes daria, se me fizessem uma tal afirmação, e assegurá-los, de minha parte, que lhes mostrarei, quando lhes aprouver, vários outros modelos e até um instrumento inteiro e perfeito, bem menos complexo, do qual me servi publicamente durante seis meses inteiros e, assim, que não ignoro que a máquina poderia ser menos complexa e, particularmente, se eu tivesse querido instituir o movimento da operação pela face anterior, o que poderia se dar apenas com um incômodo desagradável e insuportável, ao passo que agora ele se faz pela face superior com toda a comodidade que se poderia desejar e mesmo com prazer. Tu lhes dirás também que, não tendo meu plano jamais visado senão a reduzir a um movimento regulado todas as operações da aritmética, eu ao mesmo tempo me persuadi de que meu plano resultaria apenas na minha própria vergonha, se esse movimento não fosse simples, fácil, cômodo e rápido na execução e se a máquina não fosse durável, sólida e até capaz de tolerar sem alteração o desgaste do transporte e, enfim, que, se eles tivessem meditado tanto quanto eu sobre essa matéria e passado por todos os caminhos que atravessei para chegar a meu objetivo, a experiência lhes teria mostrado que um instrumento menos complexo não poderia ter todas as características que felizmente dei a essa pequena máquina.

Pois, para a simplicidade do movimento das operações, eu a fiz de modo que, ainda que as operações da aritmética sejam de algum modo opostas umas às outras, como a adição à subtração e a multiplicação à divisão, todas elas, entretanto, se realizem nesta máquina por somente um único movimento.

Quanto à facilidade desse mesmo movimento das operações, ela é totalmente clara, visto que é tão fácil movimentar mil e dez mil rodas ao mesmo tempo, se nela existissem, embora todas completem seu movimento perfeitíssimo, quanto movimentar uma só (não sei se, além do princípio a partir do qual fundei essa facilidade, há um outro na natureza). Se quiseres, além da facilidade do movimento da operação, saber qual é a facilidade da própria operação, isto é, a facilidade que há em operar com essa máquina, tu podes, se tiveres o trabalho de compará-la com os métodos de operar com a ficha e com a pena. Tu sabes como, operando com a ficha, o calculador (sobretudo quando não tem o hábito) é frequentemente obrigado, por medo de cair em erro, a fazer uma longa série e extensão de fichas e como a necessidade o constrange depois a abreviar e descartar as que se encontram inutilmente estendidas; nisso tu vês dois esforços inúteis com a perda de dois tempos. Essa máquina facilita e elimina em suas operações todo esse supérfluo; e o mais ignorante nela encontra tanta vantagem quanto o mais experiente; o instrumento supre a falha da ignorância ou do pouco hábito e, com movimentos necessários, faz sozinho, sem sequer a intenção de quem o utiliza, todas as abreviações possíveis naturalmente e em todas as vezes em que os números se encontram dispostos para tanto. De modo semelhante, tu sabes como, operando com a pena, fica-se obrigado a todo momento a reter ou tirar os números necessários e quantos erros deslizam nessas retenções e retiradas, a menos que se esteja muito habituado e, além disso, se tenha uma atenção profunda, que cansa o espírito em pouco tempo. Essa máquina liberta quem opera com ela dessa vexação; basta que ele tenha o juízo, ela suprime a falha da memória; e, sem nada reter ou tirar, ela faz por si mesma o que ele deseja, sem ele sequer pensar nisso. Há muitas outras facilidades que o uso demonstra, sobre as quais o discurso poderia ser desagradável.

Quanto à comodidade do movimento, basta dizer que é insensível, indo da esquerda para a direita e imitando nosso método comum de escrever, salvo pelo fato de que ele procede circularmente.

E, enfim, quanto à rapidez, ela aparece, do mesmo modo, na comparação com a dos outros dois métodos da ficha e da pena; e, se quiseres ainda uma explicação mais detalhada de sua velocidade, dir-te-ei que é semelhante à agilidade da mão daquele que a opera. Essa rapidez está fundada não somente sobre a facilidade dos movimentos que não impõem resistência alguma, mas ainda sobre a pequenez das rodas que são movidas à mão, que faz com que, sendo o caminho mais curto, o motor possa percorrê-lo em menos tempo; do que decorre ainda a comodidade de, por esse meio, encontrando-se a máquina reduzida a um volume menor, ela se tornar mais manuseável e portátil.

E, quanto à duração e solidez do instrumento, somente a dureza do metal de que é composto poderia dar a alguém a certeza; mas obter disso uma segurança completa e dá-la aos outros, não pude fazê-lo senão depois de ter feito a experiência de transportar o instrumento durante mais de duzentas e cinquenta léguas de caminho, sem qualquer alteração.

Assim (caro leitor), eu te conjuro mais uma vez a não considerar como imperfeição o fato de essa máquina ser composta de tantas peças, pois, sem essa composição, não lhe poderia dar todas as características aduzidas acima, que lhe eram, todavia, todas necessárias; nisso poderás notar uma espécie de paradoxo que, para tornar mais simples o movimento da operação, foi preciso que a máquina fosse construída com um movimento mais complexo.

A segunda causa que prevejo ser capaz de te colocar na sombra são (caro leitor) as más cópias dessa máquina que poderiam ser produzidas pela presunção dos artesãos. Nessas ocasiões, eu te conjuro a lançar atentamente sobre elas o espírito de distinção, a tomar cuidado com a surpresa, a distinguir entre o gato e a lebre e não julgar os verdadeiros originais pelas produções imperfeitas da ignorância e da temeridade dos artífices: quanto mais são excelentes em sua arte, mais há a temer que a vaidade os eleve pela convicção que demasiado ligeiramente formam sobre si de serem capazes de empreender e de executar por si mesmos obras novas, das quais ignoram tanto os princípios quanto as regras; além disso, embriagados por essa falsa convicção, trabalham às apalpadelas, isto é, sem medidas certas e sem proporções reguladas pela arte; do que decorre que, depois de muito tempo e trabalho, ou não produzem nada que alcance o que empreenderam ou, no máximo, dão à luz um pequeno monstro ao qual faltam os membros principais, os outros estando disformes e sem proporção alguma: essas imperfeições, tornando-o ridículo, jamais deixam de atrair o desprezo de todos que o veem, dos quais a maior parte imputa sem razão o erro àquele que primeiramente teve a ideia de uma tal invenção, em lugar de com ele se esclarecer a respeito e depois criticar a presunção desses artesãos que, por uma falsa audácia de ousar empreender mais que seus semelhantes, produzem esses abortos inúteis. É importante para o público fazê-los reconhecer sua fraqueza e aprender que, para as novas invenções, é preciso necessariamente que a arte seja ajudada pela teoria, até que o uso tenha tornado as regras da teoria tão comuns que enfim as tenha reduzido à arte e que o exercício contínuo tenha dado aos artesãos o hábito de seguir e praticar essas regras com segurança. E assim como não estava em meu poder, com toda a teoria imaginável, executar sozinho meu próprio plano sem a ajuda de um artífice que dominasse perfeitamente a prática do torno, da lima e do martelo para reduzir as peças da máquina às medidas e proporções que, pelas regras da teoria, eu lhe prescrevia; de modo semelhante, é absolutamente impossível a todos os simples artesãos, por mais hábeis que sejam em sua arte, levar à perfeição uma peça nova que consiste, como esta aqui, em movimentos complicados sem a ajuda de uma pessoa que, pelas regras da teoria, lhes dê as medidas e as proporções de todas as peças das quais deve ser composta.

Caro leitor, tenho um motivo particular para te dar esse último aviso depois de ter visto com meus próprios olhos uma falsa execução da minha ideia feita por um artífice da cidade de Rouen, relojoeiro de profissão, o qual, a partir do simples relato que lhe foi feito do meu primeiro modelo, que eu havia feito alguns meses antes, teve audácia bastante para empreender um outro e, o que é pior, por uma outra espécie de movimento; mas como esse homem simples não tem outro talento senão o de manusear com destreza suas ferramentas e não sabe sequer se a geometria e a mecânica se encontram no mundo, assim (embora seja muito hábil em sua arte e até muito industrioso em várias coisas que não fazem parte dela) não fez senão uma peça inútil, verdadeiramente limpa, polida e muito bem limada por fora, mas de tal modo imperfeita por dentro que não tem uso algum; e, todavia, somente por causa de sua novidade, ela não ficou sem estima entre aqueles que dela nada conheciam e, não obstante todas as falhas essenciais que a experiência permitiu reconhecer nela, não deixou de encontrar lugar no gabinete de um curioso da mesma cidade, repleto de várias outras peças raras e curiosas. A visão desse pequeno aborto me desagradou no máximo grau e arrefeceu de tal modo o ardor com o qual então me dedicava a trabalhar na realização de meu modelo que no mesmo instante dispensei todos os meus artífices, resolvido a abandonar inteiramente meu empreendimento pela justa apreensão que tive de que uma audácia semelhante tomasse vários outros e que as falsas cópias que poderiam produzir dessa nova ideia lhe arruinassem a estima desde seu nascimento com a utilidade que o público poderia receber delas. Contudo, algum tempo depois, o Senhor Chanceler, tendo se dignado a honrar com seu olhar meu primeiro modelo e a dar o testemunho da estima que tinha por essa invenção, deu-me a ordem de levá-la à perfeição; e, para dissipar o temor que havia me contido por algum tempo, aprouve-lhe arrancar o mal pela raiz e impedir o curso que ele poderia tomar em prejuízo de minha reputação e em desvantagem do público pela graça que me fez de me conceder um privilégio[2] que não é comum e que asfixia antes de seu nascimento todos esses abortos ilegítimos que poderiam ser engendrados de qualquer lugar, exceto da legítima e necessária aliança da teoria com a arte.

No mais, se alguma vez tu exercitaste teu espírito na invenção de máquinas, não terei muito trabalho para te persuadir de que a forma do instrumento, no estado em que está no presente, não é o primeiro efeito da imaginação que tive sobre esse tema. Havia começado a execução de meu projeto com uma máquina muito diferente desta tanto em sua matéria quanto em sua forma, a qual (ainda que em condição de satisfazer a muitos) não me deu, porém, uma satisfação completa; o que fez com que, corrigindo-a pouco a pouco, eu fizesse sem perceber uma segunda, na qual, encontrando ainda inconvenientes que não podia tolerar, para lhes dar um remédio, compus uma terceira que funciona com molas e cuja construção é muito simples. É essa que, como já disse, utilizei várias vezes, de modo que uma infinidade de pessoas pudesse ver e conhecer, e que ainda está em condição de ser utilizada mais do que nunca; e, todavia, aperfeiçoando-a sempre, encontrei razões para mudá-la e, enfim, reconhecendo em todas ou dificuldade de operar ou rudeza dos movimentos ou disposição para se corromper demasiado fácil com o tempo ou com o transporte, tive a paciência de fazer até mais do que cinquenta modelos, todos diferentes, uns de madeira, outros de marfim e de ébano, outros de cobre, antes de ter chegado à realização da máquina que agora apresento, a qual, ainda que composta de tantas pequenas peças diferentes, como

---

[2] Isto é, o direito, a prerrogativa; no fundo, uma espécie de patente.

poderás ver, é todavia de tal modo sólida que, depois da experiência da qual falei acima, ouso te assegurar que todos os desgastes que ela poderia ter ao ser transportada tão longe quanto quiseres não poderiam corrompê-la nem lhe fazer sofrer a menor alteração.

Enfim (caro leitor), agora que julgo tê-la colocado em condição de ser vista e que tu mesmo podes, se tiveres curiosidade, vê-la e utilizá-la, eu te peço para aceitar a liberdade que me dou de esperar que só a ideia de encontrar um terceiro método para fazer todas as operações aritméticas, totalmente novo e que não tem nada em comum com os dois métodos comuns da pena e da ficha, receberá de ti alguma estima e que, aprovando o plano que tive de te agradar ao te aliviar, tu me serás agradecido pelo cuidado que tive para fazer com que todas as operações, que, pelos métodos precedentes, são penosas, complexas, longas e pouco certas, tornem-se fáceis, simples, rápidas e seguras.

Os curiosos que desejarem ver a tal máquina devem se dirigir, por favor, ao Senhor Roberval, *professeur ordinaire* de matemáticas no *Collège Royal* da França, que lhes mostrará sucinta e gratuitamente a facilidade de suas operações, fará sua venda e ensinará seu uso.

O referido Senhor Roberval reside no *Collège Maître Gervais*, rua do Foin, próximo dos Maturinos. Ele pode ser encontrado todas as manhãs até as oito horas e aos sábados depois do jantar.[3]

---

[3] Na edição original, esses dois parágrafos estão ao final, em caracteres grandes.

Carta à Sereníssima Rainha da Suécia

É em 1738, no Recueil de pièces d'histoire et de littérature, *que a* Carta à Rainha Cristina da Suécia *é pela primeira vez publicada. Três manuscritos preservaram-na, mas, segundo J. Mesnard, os editores do* Recueil, *Granet e Desmolets, basearam-se em outro, hoje perdido. Apesar de destinatária, não foi a Rainha Cristina quem a preservou, mas o próprio Pascal, que dela guardou uma cópia ou minuta, como fez com a correspondência com o Padre Noël e Le Pailleur. A considerar a carta de Bourdelot a Pascal redigida de Estocolmo em 14 de maio de 1652, na qual o incentiva a escrever para a rainha, tem-se uma referência para a datação da* Carta, *a qual J. Mesnard estima ser de junho de 1652.*

Carta à Sereníssima Rainha da Suécia[1]

Senhora,

Se tivesse tanta saúde quanto zelo, iria eu próprio apresentar a Vossa Majestade uma obra de muitos anos, que ouso lhe oferecer de tão longe; e não toleraria que outras mãos além das minhas tivessem a honra de levá-la aos pés da maior princesa do mundo. Essa obra, Senhora, é uma máquina para fazer os cálculos de aritmética sem pena e sem fichas. Vossa Majestade não ignora o esforço e o tempo que as produções novas custam, sobretudo quando os próprios inventores querem levá-las à máxima perfeição; é por isso que seria inútil dizer há quanto tempo trabalho nesta; e eu não poderia exprimi-lo melhor senão dizendo que a ela me dediquei com tanto ardor quanto se tivesse

---

[1] Este é o título presente no manuscrito do *Recueil de l'Oratoire de Paris*.

previsto que um dia ela iria se encontrar diante de uma pessoa tão augusta. Contudo, Senhora, se essa honra não foi o verdadeiro motivo de meu trabalho, ao menos será sua recompensa, e me considerarei bastante feliz se, depois de tantas vigílias, ele puder dar a Vossa Majestade alguns momentos de satisfação. Também não importunarei Vossa Majestade especificando o que compõe essa máquina: se tiver alguma curiosidade a esse respeito, poderá se contentar com um discurso que elaborei para o Senhor de Bourdelot[2]: nele abordei, em poucas palavras, toda a história da obra, o objetivo de sua invenção, a ocasião de sua pesquisa, a utilidade de seus recursos, as dificuldades de sua execução, as etapas de seu progresso, o sucesso de sua realização e as regras do seu uso. Portanto, direi aqui somente o motivo que me leva a oferecê-la a Vossa Majestade, o que considero como o coroamento e a máxima felicidade de sua aventura. Sei, Senhora, que poderei ser suspeito de ter buscado glória apresentando-a a Vossa Majestade, porque a obra não poderia passar senão por algo extraordinário, quando se vir que ela se dirige à Senhora e, ao passo que deveria lhe ser oferecida apenas pela consideração da excelência dela, julgar-se que ela é excelente pela única razão de lhe ser oferecida. Não é, todavia, essa esperança que me inspirou esse plano. Ele é grande demais, Senhora, para ter outro objetivo além de Vossa Majestade mesma. O que verdadeiramente me moveu a isso é a união que se encontra em sua pessoa sagrada de duas coisas que me enchem

---

[2] O discurso para o Senhor de Bourdelot nunca foi encontrado, mas há informações sobre a máquina aritmética na *Carta dedicatória ao Senhor Chanceler* e no *Aviso necessário*, ambos de 1645.

igualmente de admiração e de respeito, que são a autoridade soberana e a ciência sólida; pois tenho uma veneração muito particular por aqueles que são elevados ao grau supremo ou de poder ou de conhecimento. Os últimos podem, se não me engano, tanto quanto os primeiros, passar por soberanos. Os mesmos graus se encontram entre os gênios e entre as condições; e o poder dos reis sobre seus súditos é, parece-me, apenas uma imagem do poder dos espíritos sobre os espíritos que lhes são inferiores, sobre os quais exercem o direito de persuadir, que é, entre eles, o que o direito de comandar é no governo político. Esse segundo império me parece até de uma ordem tanto mais elevada por serem os espíritos de uma ordem mais elevada do que os corpos e tanto mais equânime por poder ser concedida e conservada apenas pelo mérito, ao passo que o outro pode sê-lo pelo nascimento ou pela fortuna. É preciso então admitir que cada um desses impérios é grande em si, mas, Senhora, que Vossa Majestade me permita dizer (ela não é afetada por isso) que um sem o outro me parece defeituoso. Por mais poderoso que seja um monarca, falta algo à sua glória, se não tiver a preeminência do espírito e, por mais esclarecido que seja um súdito, sua condição é sempre rebaixada pela dependência. Os homens, que desejam naturalmente o mais perfeito, haviam até aqui continuamente aspirado a encontrar esse soberano por excelência. Todos os reis e todos os sábios foram esboços que preenchiam apenas pela metade a espera dos homens por esse soberano e dificilmente os ancestrais da Senhora puderam ver em toda a duração do mundo um rei medianamente sábio; essa obra-prima estava reservada ao seu século. A fim de que essa grande maravilha aparecesse acompanhada de todos os motivos possíveis de espanto, o grau que os homens não haviam podido atingir foi preenchido por uma jovem rainha, na qual se encontram juntas a vantagem da experiência com a ternura da idade, o ócio para o estudo com a ocupação de um nascimento real e a eminência da ciência com a fraqueza do sexo. É Vossa Majestade, Senhora, que fornece ao universo esse exemplo único que lhe faltava. É na Senhora que o poder é exercido pelas luzes da ciência e a ciência destacada pelo brilho da autoridade. É essa união tão maravilhosa que faz com que, como Vossa Majestade não vê nada que esteja acima de seu poder, tampouco nada vê que esteja acima de seu espírito, e assim será admirada por todos os séculos que a sucederão, como foi a obra de todos os séculos que a precederam. Reine, pois, incomparável princesa, de uma maneira totalmente nova; que seu gênio lhe submeta tudo que não está submetido a suas armas. Reine pelo direito de nascimento por uma longa série de anos sobre tantas províncias triunfantes; mas reine sempre pela força de seu mérito sobre toda a extensão da terra. Quanto a mim, não tendo nascido sob o primeiro de seus impérios, quero que todo o mundo saiba que tenho a glória de viver sob o segundo; e é para dar esse testemunho que ouso elevar os olhos até minha Rainha, dando-lhe essa primeira prova de minha dependência. Eis, Senhora, o que me levou a dar a Vossa Majestade esse presente, embora indigno dela. Minha fraqueza não abalou minha ambição. Eu imaginei que, embora o mero nome de Vossa Majestade pareça afastar de si tudo que lhe é desproporcional, a Senhora não rejeita, porém, tudo que lhe é inferior; de outro modo, sua grandeza ficaria sem homenagens e sua glória sem elogios. Que a

Senhora se contente em receber um grande esforço de espírito sem exigir que seja o esforço de um espírito grande como o seu. É por essa condescendência que a Senhora se digna a entrar em certa comunicação com o resto dos homens; e todas essas considerações juntas me fazem lhe atestar, com toda submissão de que é capaz um dos maiores admiradores de suas heroicas qualidades, que não desejo nada com tanto ardor senão poder ser reconhecido,

Senhora,
de Vossa Majestade,
como seu mui humilde, mui obediente
e mui fiel servidor,
Pascal.

Três discursos sobre
a condição dos grandes

Publicados pela primeira vez em 1670 no tratado De l'Éducation d'un Prince, *de P. Nicole, os* Discursos *não foram redigidos por Pascal. A julgar pela nota que os antecede, presente já na edição de 1670, decorrem de conferências feitas "sete ou oito anos" antes ou "nove ou dez", conforme consta da segunda edição do opúsculo, datada de 1671, no* Traité de l'Éducation d'un Prince, seconde édition revue et corrigée. *Muito possivelmente, a forma escrita sob a qual os* Discursos *se encontram se deve a P. Nicole, que não deve ter se baseado apenas em sua memória, mas em notas do próprio Pascal, hoje perdidas, cuja primeira formulação parece se encontrar nos fragmentos La 796 e La 797 dos* Pensamentos. *Quanto à data em que Pascal teria proferido as conferências, J. Mesnard estima que deva ser delimitada entre o outono e o início do inverno europeu de 1660-1661, isto é, antes do recrudescimento das perseguições aos jansenistas e numa época compatível com a descrição – "criança" – dada ao filho do Duque de Luynes, futuro Duque de Chevreuse, nascido em 1646, a quem os* Discursos *se dirigiriam. As duas primeiras edições do opúsculo possuem variações textuais, mas J. Mesnard considera a primeira mais autêntica, menos manipulada, razão pela qual é adotada aqui, embora a retificação "nove ou dez anos" seja aceita para determinar a datação das conferências que Pascal teria feito.*

Discursos do finado Senhor Pascal sobre a condição dos grandes

Uma das coisas sobre as quais o finado Senhor Pascal havia dedicado mais atenção era a instrução de um príncipe que se buscava educar da maneira mais proporcional ao estado a que Deus o chama e a mais apropriada para torná-lo capaz de cumprir todos os deveres e evitar todos os seus perigos. Frequentemente, ouvia-se-o dizer que não havia nada com que desejasse mais contribuir, se nisso estivesse engajado, e que sacrificaria de bom grado sua vida por uma coisa tão importante. E, como ele havia se acostumado a escrever os pensamentos que lhe ocorriam sobre os temas com os quais tinha o espírito ocupado, os que o conheceram se espantaram por nada haver encontrado naqueles que restaram que dissesse respeito expressamente a essa matéria, embora se possa dizer, em certo sentido, que todos eles lhe digam respeito, não havendo livros que possam servir melhor para formar o espírito de um príncipe do que a compilação que se fez deles. É preciso, portanto, ou que o que ele escreveu sobre essa matéria tenha se perdido ou que, tendo esses pensamentos extremamente presentes, tenha negligenciado escrevê-los. E, como por uma e por outra causa o público se encontra igualmente privado deles, ocorreu ao espírito de uma pessoa que assistiu a três discursos bastante curtos que ele fez a uma criança de grande condição, e cujo espírito, que era extremamente avançado, já era capaz das mais fortes verdades, escrever, sete ou oito anos depois, o que deles reteve. Ora, embora depois de um tempo tão longo ele não possa dizer que essas sejam as próprias palavras das quais o Senhor Pascal então se serviu, entretanto, tudo que ele dizia causava uma impressão tão viva sobre o espírito que não era possível esquecer. E assim ele pode assegurar que esses são ao menos seus pensamentos e seus sentimentos.

Esses três pequenos discursos tinham como objetivo remediar três faltas às quais a grandeza por si mesma conduz os que nela nasceram. A primeira é desconhecer a si mesmos, imaginar que todos os bens de que gozam lhes eram devidos e fazem parte de seu ser, o que faz com que jamais se considerem na igualdade natural com todos os outros homens.

A segunda é que eles se enchem de tal modo dessas vantagens exteriores das quais se acham senhores que não têm consideração alguma por todas as qualidades mais reais e mais estimáveis, não buscam adquiri-las e imaginam que só a qualidade de ser grande merece todo tipo de deferência e não tem necessidade de ser sustentada pelas do espírito e da virtude.

A terceira é que, estando a condição dos grandes associada à licenciosidade e ao poder de satisfazer suas inclinações, ela enreda muitos em arrebatamentos desarrazoados e em desregramentos baixos, de modo que, em lugar de colocar sua grandeza a serviço dos homens, eles a fazem consistir em tratá-los com ultraje e em se entregar a todos os tipos de excesso.

São essas três faltas que o Senhor Pascal tinha em vista quando fez, em diversos encontros, esses três discursos que relataremos aqui.

1º Discurso

Para entrar no verdadeiro conhecimento de vossa condição, considerai-a nesta imagem.

Um homem foi lançado pela tempestade numa ilha desconhecida, cujos habitantes estavam em dificuldade para encontrar seu rei, que havia se perdido; e, tendo muita semelhança de corpo e de rosto com esse rei, o homem foi tomado por ele e reconhecido nessa qualidade por todo o povo. Primeiramente, ele não sabia que decisão tomar; mas resolveu enfim consentir à sua boa fortuna. Recebeu todas as deferências que quiseram lhe prestar e deixou-se ser tratado como rei.

Contudo, como não podia esquecer sua condição natural, pensava, ao mesmo tempo em que recebia essas deferências, que não era o rei que esse povo buscava e que esse reino não lhe pertencia. Assim, tinha um pensamento duplo: um pelo qual agia como rei, outro pelo qual reconhecia seu verdadeiro estado e que apenas o acaso o havia colocado no lugar em que estava. Ele escondia esse último pensamento e revelava o outro. Era com o primeiro que lidava com o povo e com o último que lidava consigo mesmo.

Não imagineis que seja por um menor acaso que vós possuís as riquezas das quais sois o senhor do que aquele pelo qual esse homem se tornou rei. Não tendes direito algum a elas por vós mesmo e por vossa natureza, não mais do que ele; e não somente vós não sois filho de um duque, mas não vos encontrais no mundo, senão por uma infinidade de acasos. Vosso nascimento depende de um casamento, ou melhor, de todos os casamentos daqueles de quem descendeis. Esses casamentos, contudo, de que eles dependem? De uma visita feita ao acaso, de um discurso no ar, de mil ocasiões imprevistas.

Vós herdais, dizeis, vossas riquezas de vossos ancestrais; mas não é por mil acasos que vossos ancestrais as adquiriram e as conservaram? Imaginais também que foi por alguma lei natural que esses bens passaram de vossos ancestrais para vós? Isso não é verdadeiro. Essa ordem está fundada única e tão somente sobre a vontade dos legisladores, que podem ter tido boas razões, mas das quais nenhuma foi extraída de um direito natural que tenhais sobre as coisas. Tivesse aprazido a eles ordenar que esses bens, depois de terem sido possuídos pelos pais durante a vida, retornassem à república após a morte deles, não teríeis motivo algum para vos queixar.

Assim, todo título pelo qual possuís vosso bem não é um título de natureza, mas de um estabelecimento humano. Um outro giro de imaginação naqueles que fizeram as leis teria vos tornado pobre; e é apenas essa coincidência do acaso que vos fez nascer com a fantasia das leis favorável a vosso respeito, que vos coloca na posse de todos esses bens.

Não quero dizer que eles não vos pertençam legitimamente e que seja permitido a um outro roubá-los de vós, pois Deus, que é o senhor desses bens, permitiu às sociedades fazer leis para partilhá-los e, uma vez estabelecidas essas leis, é injusto violá-las. É isso que vos distingue um pouco desse homem que possuiria seu reino apenas pelo erro do povo; porque Deus não autorizaria essa posse e o obrigaria a renunciar a ela, ao passo que autoriza a vossa. Contudo, o que possuís inteiramente em comum com ele é que esse direito que tendes aos bens não está fundado, não mais do que o dele, sobre alguma qualidade e sobre algum mérito que esteja em vós e que vos torne digno deles. Vossa alma e vosso corpo são, por si mesmos, indiferentes ao estado de barqueiro ou àquele de duque; e não há qualquer vínculo natural que os associe a uma condição mais do que à outra.

O que se segue daí? Que deveis ter, como esse homem do qual falamos, um pensamento duplo; e que, se agis exteriormente com os homens conforme vossa posição, deveis reconhecer, por um pensamento mais escondido, mas mais verdadeiro, que nada tendes naturalmente acima deles. Se o pensamento público vos eleva acima do homem comum, que o outro vos rebaixe e vos mantenha numa perfeita igualdade com todos os homens, pois esse é vosso estado natural.

O povo, que vos admira, talvez não conheça esse segredo. Ele crê que a nobreza é uma grandeza real e considera os grandes quase como sendo de uma natureza diferente da dos outros. Não lhe reveleis esse erro, se quiserdes; mas não abuseis dessa elevação com insolência e, sobretudo, não desconheçais a vós mesmos, crendo que vosso ser tem algo de mais elevado do que o dos outros.

Que diríeis desse homem que teria sido feito rei pelo erro do povo, se viesse a esquecer de tal modo sua condição natural que imaginasse que esse reino lhe era devido, que o merecia e que lhe pertencia de direito? Ficaríeis admirado com sua tolice e loucura. Contudo, há menos tolice e loucura nas pessoas de condição que vivem num tão estranho esquecimento de seu estado natural?

Como esse aviso é importante! Pois todos os arrebatamentos, toda a violência e toda a vaidade dos grandes decorrem de não conhecerem o que são: é difícil que aqueles que se vissem interiormente como iguais a todos os homens, e que estivessem bem persuadidos de que nada têm em si que mereça essas pequenas vantagens que Deus lhes deu acima dos outros, os tratassem com insolência. Para tanto, é preciso esquecer a si mesmo e crer que se tem alguma excelência real acima deles; nisso consiste essa ilusão que busco vos revelar.

2º Discurso

É bom, Senhor, que saibais o que se deve a vós a fim de que não pretendais exigir dos homens o que não vos é devido; pois isso é uma injustiça notória e, todavia, é muito comum naqueles de vossa condição, porque ignoram a própria natureza.

Há no mundo dois tipos de grandeza; pois há grandezas de estabelecimento e grandezas naturais.[1] As grandezas de estabelecimento dependem da vontade dos homens, que, com razão, acreditaram dever honrar certos estados e associar a eles certas deferências.[2] As dignidades

---

[1] No fragmento La 797 (Br 310, Sel 650) dos *Pensamentos*, bastante lacunar, aliás, como o La 796 (Br 314, Sel 649), encontra-se a expressão "grandeza de estabelecimento, respeito de estabelecimento", seguida das seguintes frases: "O prazer dos grandes é poder fazer as pessoas felizes. O próprio da riqueza é ser dada liberalmente. O próprio de cada coisa deve ser buscado. O próprio do poder é proteger", que podem ser aproximadas do 3º Discurso.

[2] No original, *respects*, cujo significado é *considération, égard*. Esse termo, sempre no singular, ocorre cinco vezes no *Prefácio sobre o tratado do*

e a nobreza são desse gênero. Num país, honram-se os nobres, em outro, os plebeus; neste, os primogênitos, naquele, os caçulas. Por quê? Porque aprouve aos homens. A coisa era indiferente antes do estabelecimento; depois do estabelecimento, ela se torna justa, porque é injusto perturbá-la.

As grandezas naturais são aquelas independentes da fantasia dos homens, porque consistem em qualidades reais e efetivas da alma ou do corpo, que tornam um ou outro mais estimável, como as ciências, a luz do espírito, a virtude, a saúde, a força.

Devemos algo a cada uma dessas grandezas, mas, como são de uma natureza diferente, devemos a elas diferentes deferências também. Às grandezas de estabelecimento, nós lhes devemos deferências de estabelecimento, isto é, certas cerimônias exteriores que devem ser, entretanto, acompanhadas, segundo a razão, de um reconhecimento interior da justiça dessa ordem, mas que não nos fazem conceber uma qualidade real naqueles que honramos desse modo. Com os reis, é preciso falar de joelhos; é preciso manter-se de pé na câmara dos príncipes. É uma tolice e uma baixeza de espírito recusar-lhes esses deveres.

Contudo, quanto às deferências naturais que consistem na estima, nós as devemos apenas às grandezas naturais e devemos, inversamente, o desprezo e a aversão às qualidades contrárias a essas grandezas naturais. Não é necessário, porque sois duque, que eu vos estime, mas é

---

vácuo, mas, no plural e no contexto dos *Três discursos*, "respeitos" ou talvez "considerações" são alternativas demasiado literais, sobretudo em suas duas ocorrências no 1º Discurso. Note-se, a propósito, que no parágrafo inicial do 3º Discurso emprega-se *déférences*, que parece ser um sinônimo para *respects*.

necessário que vos saúde. Se sois duque e homem honrado,[3] prestarei o que devo a cada uma dessas qualidades. Não vos recusarei as cerimônias que vossa qualidade de duque merece, nem a estima que merece a de homem honrado. Contudo, se fôsseis duque sem ser homem honrado, ainda vos faria justiça, pois, prestando-vos os deveres exteriores que a ordem dos homens associou a vosso nascimento, não deixaria de ter por vós o desprezo interior que a baixeza de vosso espírito mereceria.

Eis em que consiste a justiça desses deveres. E a injustiça consiste em associar deferências naturais às grandezas de estabelecimento ou em exigir deferências de estabelecimento para as grandezas naturais. Senhor N. é maior geômetra do que eu. Nessa qualidade, ele quer passar na minha frente: eu lhe direi que não entende nada sobre isso. A geometria é uma grandeza natural; ela requer uma preferência de estima; mas os homens não associaram a ela nenhuma preferência exterior. Passarei então na frente dele e o estimarei mais do que a mim na qualidade de geômetra. Do mesmo modo, se, sendo

---

[3] No original, *honnête homme*. "Homem honesto" e, sobretudo, "homem de bem" são alternativas, mas têm uma conotação moralista ausente na expressão francesa. A opção por "homem honrado" remete à etimologia latina de *honnête* – *honestus*: "honrado, digno de consideração, de estima" – e está de acordo com a definição de *honnête* – *honorable, estimable* – que se encontra em dicionários do francês clássico (DUBOIS, J. *et al*. *Dictionnaire du français classique: le XVIIe siècle*. Paris: Larousse, 1992, e, em especial, CAYROU, G. *Dictionnaire du français classique: la langue du XVIIe siècle*. Paris: Klincksieck, 2000.). Nos *Pensamentos*, Pascal trata do *honnête homme*, como, por exemplo, em La 197 (Br 37, Sel 228) e La 647 (Br 35, Sel 532). A esse respeito, vale consultar ainda a reconstituição dos *Pensamentos* realizada por E. Martineau (PASCAL, B. *Discours sur la religion et sur quelques autres sujets*. Paris: Fayard/Armand Colin, 1992), que contém uma seção sobre o "homem honrado".

duque e membro do parlamento, não vos contentásseis que eu tirasse o chapéu diante de vós e quisésseis ainda que eu vos estimasse, eu vos pediria para me mostrar as qualidades que merecem minha estima. Se o fizésseis, vós a adquiriríeis e eu não poderia recusá-la com justiça; mas, se não o fizésseis, seríeis injusto por demandá-la a mim e seguramente não teríeis sucesso, ainda que fôsseis o maior príncipe do mundo.

3º Discurso

Quero vos fazer conhecer, Senhor, vossa verdadeira condição, pois é a coisa do mundo que as pessoas de vosso tipo mais ignoram. A vosso ver, o que é ser um grande senhor? É ter o domínio de vários objetos da concupiscência dos homens e assim poder satisfazer as necessidades e os desejos de muitos. São essas necessidades e esses desejos que os atraem para junto de vós e que fazem com que se submetam a vós: sem isso sequer vos olhariam; mas eles esperam, pelos serviços e pelas deferências que vos prestam, obter de vós alguma parte desses bens que desejam e dos quais veem que vós dispondes.

Deus está cercado de pessoas cheias de caridade que lhe pedem os bens da caridade, os quais estão em seu poder: assim,[4] ele é propriamente o rei da caridade.

Do mesmo modo, estais cercado de um pequeno número de pessoas sobre as quais reinais à vossa maneira.

---

[4] No fragmento La 796 (Br 314, Sel 649) dos *Pensamentos*, há uma frase praticamente idêntica: "Como Deus está cercado de pessoas cheias de caridade que lhe demandam os bens da caridade, os quais estão em seu poder, assim...". Em seguida, no mesmo fragmento, lê-se: "Conhecei a vós mesmo, pois, e sabei que sois apenas rei de concupiscência, e tomai as vias da concupiscência".

Essas pessoas estão cheias de concupiscência. Elas vos pedem os bens da concupiscência. É a concupiscência que as associa a vós. Portanto, vós sois propriamente um rei de concupiscência. Vosso reino é de pouca extensão, mas nisso sois igual aos maiores reis da terra. Como vós, eles são reis de concupiscência. É a concupiscência que faz a força deles, isto é, a posse de coisas que a cupidez dos homens deseja.

Contudo, conhecendo vossa condição natural, usai os meios que ela vos dá e não pretendais reinar por outra via senão por aquela que vos faz rei. Não é vossa força e vosso poder natural que submetem todas essas pessoas a vós. Não pretendais, pois, dominá-las pela força, nem tratá-las com dureza. Contentai seus desejos justos, aliviai suas necessidades, colocai vosso prazer em ser beneficente; realizai-os tanto quanto puderdes e agireis como verdadeiro rei de concupiscência.

Isso que vos digo não vai muito longe; e, se permanecerdes aí, não deixareis de vos perder; mas ao menos vos perdereis como homem honrado. Há pessoas que se condenam tão tolamente pela avareza, pela brutalidade, pelas depravações, pela violência, pelos arrebatamentos, pelas blasfêmias! O meio que vos apresento é sem dúvida mais honrado, mas, em verdade, é sempre uma grande loucura se condenar. E é por isso que não se deve permanecer aí. É preciso desprezar a concupiscência e seu reino, e aspirar ao reino da caridade no qual todos os súditos respiram apenas a caridade e desejam apenas os bens da caridade. Outros que não eu vos dirão o caminho; basta-me vos ter desviado dessas vidas brutais às quais vejo que muitas pessoas de vossa condição se deixam levar por não conhecer bem o verdadeiro estado dessa condição.

Oração para pedir a
Deus o bom uso das doenças

Caso raro entre as obras póstumas de Pascal, a Oração *possui um título dado pelo próprio autor e, mais do que isso, contém um grau de acabamento incomum, como revelam suas quinze subdivisões bem demarcadas e a palavra "fim" ao final. Sua primeira publicação – anônima, numa coletânea intitulada* Divers Traitez de Piété *– data de 1666 e foi seguida por outras três ainda no século XVII, a mais importante das quais tendo ocorrido em 1670, como parte da edição de Port-Royal dos* Pensamentos. *As publicações subsequentes basearam-se seja na edição de 1666, como fez L. Brunschvicg, seja na de 1670, como fez L. Lafuma. Esse procedimento foi recusado por J. Mesnard, que colacionou manuscritos a fim de reconstituir uma versão que se aproxima mais do original e que é adotada aqui. Tradicionalmente, estimava-se que a redação da* Oração *tivesse ocorrido em 1647, pouco depois da "primeira conversão" de Pascal. Entretanto, recorrendo sobretudo a* A vida de Pascal *escrita por Gilberte Périer, J. Mesnard estima que tenha sido escrita em 1660, data próxima da defendida por Ph. Sellier, 1659.*

Oração para pedir a Deus o bom uso das doenças

I

Senhor, cujo espírito é tão bom e tão doce em todas as coisas, e que sois de tal modo misericordioso que não somente as prosperidades, mas as próprias desgraças que acontecem com vossos eleitos são efeitos de vossa misericórdia, dai-me a graça de não agir como pagão no estado a que vossa justiça me reduziu; e que, como um verdadeiro cristão, eu vos reconheça como meu pai e como meu Deus, em qualquer estado em que me encontre, pois a mudança da minha condição não afeta a vossa, vós que sois o mesmo,[1] embora eu esteja sujeito à mudança, e que não sois menos Deus quando afligis do que quando usais de indulgência.

---

[1] Hb 1, 12: "Tu, porém, és sempre o mesmo, e os teus anos jamais terão fim". Cf. Sl 102, 26-28.

II

Vós me destes a saúde para vos servir e eu fiz dela um uso totalmente profano. Vós me enviais agora a doença para me corrigir: não permitais que eu a use para vos irritar com a minha impaciência. Usei mal minha saúde e me punistes com justiça: não tolereis que eu use mal vossa punição. E, dado que a corrupção de minha natureza é tal que torna vossos favores perniciosos, fazei, ó meu Deus!, que vossa graça onipotente torne vossos castigos salvíficos. Se tive o coração cheio de afeição pelo mundo enquanto ele teve algum vigor, aniquilai esse vigor para minha salvação; e tornai-me incapaz de gozar do mundo, seja por fraqueza de corpo, seja por zelo de caridade, para gozar apenas de vós.

III

Ó Deus, diante de quem devo prestar conta exata de minha vida no fim da minha vida e no fim do mundo! Ó Deus, que deixais subsistir o mundo e todas as coisas do mundo apenas para exercitar vossos eleitos e para punir os pecadores! Ó Deus, que deixais os pecadores empedernidos no uso delicioso e criminoso do mundo e dos prazeres do mundo! Ó Deus, que fazeis morrer nossos corpos e que, na hora da morte, desligais nossa alma de tudo que ela amava no mundo! Ó Deus, que me arrancareis, nesse último momento da minha vida, de todas as coisas às quais me apeguei e nas quais pus meu coração! Ó Deus, que deveis consumar no último dia o céu e a terra e todas as criaturas que eles contêm para mostrar a todos os homens que nada subsiste senão vós e que, assim, nada é digno de amor senão vós, pois nada é durável senão vós! Ó Deus, que deveis destruir todos esses ídolos vãos e todos esses objetos funestos de nossas paixões! Eu vos louvo, meu Deus, e vos bendirei todos os dias da minha vida[2] por vos haverdes aprazido antecipar em meu favor esse dia assustador, destruindo para mim todas as coisas no enfraquecimento ao qual me reduzistes. Eu vos louvo, meu Deus, e vos bendirei todos os dias da minha vida por vos haverdes aprazido me reduzir à incapacidade de gozar das doçuras da saúde e do uso do mundo, e por haverdes aniquilado, de algum modo, para minha vantagem, os ídolos enganosos que aniquilareis efetivamente para a confusão dos maus no dia de vossa cólera.[3] Fazei, Senhor, com que eu me julgue a mim mesmo a partir dessa destruição que fizestes para mim, a fim de que não me julgueis vós mesmo a partir da inteira destruição que fareis de minha vida e do mundo. Pois, Senhor, como no instante da minha morte me encontrarei separado do mundo, despojado de todas as coisas, sozinho em vossa presença, para responder à vossa justiça por todos os movimentos do meu coração, fazei, Senhor, com que eu me considere nesta doença como numa espécie de morte, separado do mundo, despojado de todos os objetos pelos quais tenho apego, sozinho em vossa presença, para implorar de vossa misericórdia a conversão de meu coração; e que, assim, eu obtenha uma extrema consolação por me enviardes agora uma espécie de morte para exercer vossa misericórdia, antes de me enviardes efetivamente a morte para exercer vosso julgamento. Fazei, então, ó meu Deus, com que, como

---

[2] Sl 34, 2: "Bendirei a Iahweh em todo tempo, seu louvor estará sempre nos meus lábios".

[3] Sl 110, 5: "O Senhor está à tua direita, ele esmaga os reis no dia da sua ira".

antecipastes minha morte, eu antecipe vossa assustadora sentença e me examine a mim mesmo antes de vosso julgamento para encontrar misericórdia em vossa presença.

IV

Fazei, ó meu Deus, com que eu adore em silêncio a ordem de vossa providência na condução da minha vida; que vosso flagelo me console; e que, tendo vivido em amargura durante a paz, eu aprecie as doçuras celestes durante os males salvíficos com os quais me afligis. Contudo, eu reconheço, meu Deus, que meu coração está de tal modo empedernido e cheio de ideias, de preocupações, de inquietações e de apegos ao mundo, que a doença, não mais do que a saúde, nem os discursos, nem os livros, nem vossas Escrituras sagradas, nem vosso Evangelho, nem vossos mais santos mistérios, nem as esmolas, nem os jejuns, nem as mortificações, nem os milagres, nem o uso dos sacramentos, nem o sacrifício de vosso corpo, nem todos os meus esforços, nem os do mundo inteiro junto, nada podem para dar início à minha conversão, se não acompanhardes todas essas coisas com uma assistência totalmente extraordinária de vossa graça. É por isso, meu Deus, que me dirijo a vós, Deus onipotente, para vos pedir um dom que todas as criaturas juntas não podem de modo algum me conceder. Eu não teria a ousadia de vos dirigir meus clamores, se algum outro pudesse atendê-los. Contudo, meu Deus, como a conversão de meu coração, que vos peço, é uma obra que ultrapassa todos os esforços da natureza, posso me dirigir apenas ao autor e ao mestre onipotente da natureza e de meu coração. A quem eu clamarei, Senhor, a quem poderei recorrer? Tudo que não é Deus não pode preencher minha espera.[4] É o próprio Deus que peço e que busco. Ó Deus, é somente vós que peço e é somente a vós que me dirijo para obtê-lo. Abri meu coração, Senhor; entrai nesse lugar rebelde que os vícios ocuparam. Eles o mantêm submisso; entrai como na casa de um forte, mas retende antes o inimigo forte e poderoso que a domina e tomai em seguida os tesouros que lá se encontram. Senhor, tomai minhas afeições que o mundo roubou; roubai vós mesmo esse tesouro, ou melhor, recuperai-o, pois é a vós que ele pertence, como um tributo que vos devo, pois vossa imagem está impressa nele. Vós a havíeis formado, Senhor, no momento de meu nascimento, mas ela se apagou totalmente. A ideia do mundo nela se gravou de tal modo que a vossa não é mais reconhecível. Somente vós pudestes criar minha alma: somente vós podeis criá-la de novo. Somente vós pudestes nela formar vossa imagem: somente vós podeis reformá-la e nela reimprimir vosso retrato apagado, isto é, Jesus Cristo meu Salvador, que é vossa imagem e a marca de vossa substância.

V

Ó meu Deus, como é feliz um coração que pode amar um objeto que não o desonra e cujo apego lhe é salvífico! Sinto que não posso amar o mundo sem vos desagradar, sem me prejudicar e sem me desonrar e, todavia, o mundo ainda é objeto de minhas delícias. Ó meu Deus, como é feliz uma alma da qual sois as delícias, pois pode se entregar a vos amar, não somente sem

---

[4] Nos *Pensamentos*, fragmento La 399 (Br 438, Sel 18), Pascal diz: "Se o homem não foi feito para Deus, por que não é feliz senão em Deus?".

escrúpulo, mas ainda com mérito! Como sua felicidade é firme e durável, pois sua espera não será frustrada, porque jamais sereis destruído e nem a vida nem a morte jamais a separarão do objeto de seus desejos; e porque o mesmo momento que arrastará os maus com seus ídolos a uma ruína comum unirá os justos convosco numa glória comum; e porque, como uns vão perecer com os objetos perecíveis aos quais se apegaram, os outros subsistirão eternamente no objeto eterno e subsistente por si mesmo ao qual se uniram estreitamente. Ó! Quão felizes são aqueles que, com uma inteira liberdade e uma invencível inclinação da vontade, e com encantos que os arrastam, amam perfeita e livremente o que são obrigados a amar necessariamente!

VI

Ó meu Deus, completai os bons movimentos que me dais. Sede deles o fim como sois o princípio. Coroai vossos próprios dons, pois reconheço que são dons vossos. Sim, meu Deus; e, bem longe de pretender que minhas orações tenham méritos que vos obriguem a necessariamente concedê-los, reconheço muito humildemente, meu Deus, que, tendo dado às criaturas meu coração, que havíeis formado apenas para vós[5] e não para o mundo, nem para mim mesmo, não posso esperar graça alguma senão de vossa misericórdia, pois nada tenho em mim que vos possa compelir e porque todos os movimentos naturais do meu coração, voltando-se todos para as criaturas ou para mim mesmo, podem apenas vos irritar. Eu

---

[5] Santo Agostinho, *Confissões*, Livro I, cap. 1: "...porque nos criastes para vós e o nosso coração vive inquieto enquanto não repousa em vós".

vos dou graças, meu Deus, pelos bons movimentos que me dais e por este mesmo que me dais de vos dar graças.

VII

Tocai meu coração com o arrependimento por minhas ofensas, pois, sem essa dor interior, os males exteriores com os quais tocais meu corpo me seriam uma nova ocasião de pecado. Fazei-me saber bem que os males do corpo não são outra coisa senão a figura e a punição, conjuntamente, dos males da alma. Contudo, Senhor, fazei também com que eles lhe sejam o remédio, fazendo-me considerar, nas dores que sinto, as que não sentia na minha alma, embora toda doente e coberta de úlceras. Pois, Senhor, a maior de suas doenças é essa insensibilidade e essa extrema fraqueza que lhe havia retirado toda percepção de suas próprias misérias. Fazei com que eu as sinta vivamente e que o que me resta de vida seja uma penitência contínua para lavar as ofensas de minha vida passada.

VIII

Senhor, ainda que minha vida passada tenha sido isenta de grandes crimes, dos quais afastastes de mim as ocasiões, ela, todavia, foi muito odiosa a vós pela negligência contínua, pela série contínua de minhas repugnâncias a vossas inspirações, pelo mau uso de vossos mais augustos sacramentos, pelo desprezo por vossa palavra, pela ociosidade e inutilidade total de minhas ações e de meus pensamentos, pela completa perda do tempo que me havíeis dado apenas para vos adorar, buscar em todas as minhas ocupações os meios de vos aprazer e fazer penitência pelas faltas que são cometidas todos os dias e que são comuns até nos mais justos, de modo que a vida deles deva ser uma penitência contínua sem a qual tornam-se injustos e pecadores. Assim, meu Deus, eu sempre fui contrário a vós.[6]

IX

Sim, Senhor, até aqui sempre estive surdo a vossas inspirações; desprezei todos os vossos oráculos; julguei contrariamente ao que julgais; contradisse as santas máximas que trouxestes ao mundo do seio de vosso Pai eterno e segundo as quais julgareis o mundo. Vós dizeis: "Bem-aventurados são os que choram e infelizes os que são consolados".[7] E eu disse: "Infelizes os que gemem e muito felizes os que são consolados". Eu disse: "Felizes os que gozam de uma fortuna avantajada, de uma reputação gloriosa e de uma saúde robusta". E por que os reputei felizes, senão porque todas essas vantagens lhes forneciam uma facilidade muito grande de vos ofender? Sim, Senhor, confesso que considerei a saúde um bem, não porque ela é um meio fácil para vos servir de modo útil e para consumar mais cuidados e vigílias a vosso serviço e para a assistência ao próximo; mas porque, graças a ela, eu podia me entregar com menos contenção à abundância das delícias da vida e melhor apreciar seus funestos prazeres. Dai-me a graça, Senhor, de reformar minha razão corrompida, de conformar meus

---

[6] No já citado fragmento La 399 (Br 438, Sel 18) dos *Pensamentos*, Pascal questiona: "Se o homem foi feito para Deus, por que é tão contrário a Deus?".

[7] Note-se que, nesta passagem e noutras adiante, Pascal se dirige a Jesus Cristo.

sentimentos aos vossos. Que eu me considere feliz na aflição e que, na impotência em que me encontro para agir exteriormente, vós purifiqueis de tal maneira meus sentimentos que não mais repugnem aos vossos; e que, assim, eu vos encontre no interior de mim mesmo, pois não posso vos buscar exteriormente por causa de minha fraqueza. Pois, Senhor, vosso Reino está em vossos fiéis[8] e eu o encontrarei em mim mesmo, se aí encontrar vosso Espírito e vossos sentimentos.

X

Contudo, Senhor, que farei eu para vos obrigar a espargir vosso Espírito sobre minha miserável terra?[9] Tudo que sou é odioso a vós, Senhor, e nada encontro em mim que possa vos agradar. Nada vejo aí, Senhor, senão somente vossas dores. Considerai então, Senhor, os males que sofro e os que me ameaçam. Vede com um olhar misericordioso as feridas que vossa mão colocou em mim. Ó meu Salvador, que amastes vossos sofrimentos na morte! Ó Deus, que vos fizestes homem apenas para sofrer mais que qualquer homem pela salvação dos homens! Ó Deus, que encarnastes apenas depois do pecado dos homens para assumir um corpo apenas para nele sofrer todos os males que nossos pecados mereceram! Ó Senhor, que tanto amais os corpos que sofrem que escolhestes para vós o corpo mais recoberto de sofrimentos que há no mundo! Tende como agradável meu corpo, não por ele mesmo, nem por tudo que contém, pois nele tudo é digno de vossa cólera, mas pelos males que suporta, os

---

[8] Lc 17, 21: "...pois eis que o Reino de Deus está dentro de vós".

[9] Jó 10, 9: "Lembra-te de que me fizeste de barro".

quais, somente eles, podem ser dignos de vosso amor. Amai meus sofrimentos, Senhor, e que meus males vos convidem a me visitar. Contudo, para completar a preparação de vossa morada, fazei, ó meu Salvador, se meu corpo tiver isso em comum com o vosso, que ele sofra por minhas ofensas, se minha alma também tiver isso em comum com a vossa, que ela esteja na tristeza pelas mesmas ofensas; e que assim eu sofra convosco e como vós, tanto no meu corpo como na minha alma, pelos pecados que cometi.

XI

Dai-me a graça, Senhor, de unir vossas consolações a meus sofrimentos a fim de que eu sofra como cristão. Senhor, não peço para ser isento das dores, pois essa é a recompensa dos santos; mas, Senhor, peço para não ficar entregue às dores da natureza sem as consolações de vosso Espírito, pois essa é a maldição dos judeus e dos pagãos. Não peço para ter uma plenitude de consolações sem sofrimento algum, pois essa é a vida da glória. Também não peço, Senhor, para estar numa plenitude de males sem consolação, pois esse é um estado de judaísmo. Contudo, peço, Senhor, para sentir conjuntamente tanto as dores da natureza pelos meus pecados quanto as consolações do vosso Espírito pela vossa graça, pois esse é o verdadeiro estado do cristianismo. Que eu não sinta dores sem consolação, mas que eu sinta conjuntamente minhas dores e vossas consolações para enfim chegar a sentir apenas vossas consolações sem quaisquer dores. Pois, Senhor, vós deixastes o mundo definhar nos sofrimentos naturais sem consolação antes da vinda de vosso Filho único; vós agora consolais os sofrimentos de vossos fiéis pela graça de vosso Filho único; vós cumulais com uma beatitude puríssima vossos santos na glória de vosso Filho único. Esses são os admiráveis graus pelos quais conduzis vossas obras.[10] Vós me tirastes do primeiro, fazei com que eu passe pelo segundo para chegar ao terceiro. Senhor, é a graça que vos peço.

XII

Senhor, não permitais que eu esteja num tal distanciamento de vós que eu possa considerar vossa alma triste até a morte[11] e vosso corpo abatido pela morte pelos meus próprios pecados, sem me regozijar por sofrer tanto no meu corpo como na minha alma. Pois o que há de mais vergonhoso e, todavia, de mais comum nos cristãos e em mim mesmo do que, enquanto vós verteis o sangue[12] pela expiação de nossas ofensas, nós vivermos nas delícias; e que cristãos que fazem profissão de serem vossos, que os que pelo batismo renunciaram ao mundo para vos seguir, que os que juraram solenemente perante a Igreja viver e morrer convosco, que os que fazem profissão de crer que o mundo vos perseguiu e crucificou, que os que creem que vós vos expusestes à cólera de Deus e à crueldade dos homens para redimi-los dos seus crimes, que os que creem, digo, em todas essas verdades, que consideram

---

[10] Esses três graus – natureza, graça e glória – também aparecem nos *Pensamentos*, fragmento La 275 (Br 643, Sel 306): "Como a natureza é uma imagem da graça, ele fez nos bens da natureza o que devia fazer naqueles da graça, a fim de que se julgasse que podia fazer o invisível, pois fazia bem o visível. [...] E mesmo a graça é apenas uma figura da glória, pois não é o fim último".

[11] Mt 26, 38; Mc 14, 34.

[12] Lc 22, 44; *Pensamentos* La 919 (Br 553, Sel 749).

vosso corpo como a hóstia que se entregou para a salvação deles, que consideram os prazeres e os pecados do mundo como o único motivo de vossos sofrimentos, e o próprio mundo como vosso carrasco, busquem agradar seus corpos com esses mesmos prazeres, em meio a este mesmo mundo; e que aqueles que não poderiam, sem tremer de horror, ver um homem acarinhar e bem querer o assassino de seu pai, que teria se entregado para lhe dar vida, possam viver, como fiz, com uma plena alegria em meio ao mundo que sei verdadeiramente ter sido o assassino daquele que reconheço como meu Deus e como meu pai, que se entregou para minha própria salvação, carregando em sua pessoa a pena de nossas iniquidades? É justo, Senhor, que tenhais interrompido uma alegria tão criminosa quanto aquela na qual eu me repousava na sombra da morte.

XIII

Retirai então de mim, Senhor, a tristeza que o amor-próprio poderia me dar pelas minhas próprias dores e pelas coisas do mundo que não se realizam segundo o gosto das inclinações de meu coração que não dizem respeito à vossa glória; mas colocai em mim uma tristeza conforme à vossa. Que minhas dores sirvam para apaziguar vossa cólera. Fazei delas uma ocasião para minha salvação e para minha conversão. Que doravante eu deseje saúde e vida apenas para empregá-las e levá-las a termo por vós, convosco e em vós. Não vos peço nem saúde, nem doença, nem vida, nem morte; mas que disponhais de minha saúde e de minha doença, da minha vida e da minha morte, para vossa glória, para minha salvação e para a utilidade da Igreja e de vossos santos, dos quais componho[13] uma porção. Somente vós sabeis o que me convém: sois o mestre soberano, fazei segundo vosso bel-prazer. Dai-me, tirai de mim, mas conformai minha vontade à vossa e que, numa submissão humilde e perfeita e numa santa confiança, eu me disponha a receber as ordens de vossa eterna providência e adore igualmente tudo que provém de vós.

XIV

Que numa uniformidade de espírito sempre igual eu acolha todo tipo de acontecimento, pois não sabemos o que devemos pedir, e eu não posso desejar um mais do que outro sem presunção e sem me tornar juiz das consequências que haveria, as quais eu não poderia prever. Senhor, sei que sei apenas uma coisa: que é bom vos seguir e que é mau vos ofender. Além disso, não sei o que é melhor ou pior em todas as coisas. Não sei o que me é vantajoso da saúde ou da doença, dos bens ou da pobreza, nem de todas as coisas do mundo. É um discernimento que ultrapassa a força dos homens e dos anjos e está escondido nos segredos de vossa providência que eu adoro e na qual não quero me aprofundar.

XV

Fazei então, Senhor, que, tal como eu seja, eu me conforme à vossa vontade; que, estando doente como estou, eu me glorifique nos meus sofrimentos. Sem eles não posso chegar à glória; sem eles, meu Salvador, vós

---

[13] "Espero por vossa graça compor", segundo a lição da *Oração* presente na edição de Port-Royal dos *Pensamentos*.

mesmo não teríeis chegado a ela. É pelas marcas de vossos sofrimentos que fostes reconhecido por vossos discípulos[14] e é também pelos sofrimentos que reconheceis aqueles que são vossos discípulos. Reconhecei então a mim como vosso nos males que suporto tanto no meu corpo como no meu espírito pelas ofensas que cometi. E, dado que nada é agradável a Deus se não lhe for oferecido por vós, uni minha vontade à vossa e minhas dores àquelas que sofrestes. Fazei com que as minhas tornem-se as vossas. Tornai-as vossas e uni-me a vós e, preenchendo-me de vós mesmo e de vosso Espírito Santo, revesti-me de vós. Entrai no meu coração e na minha alma para nela sofrer meus sofrimentos e para continuar a suportar em mim o que vos resta sofrer de vossa Paixão,[15] que vós completais em vossos membros até a consumação perfeita de vosso Corpo, a fim de que, estando pleno de vós, não seja mais eu quem vive e sofre, mas que sejais vós que vivais e sofrais em mim,[16] ó meu Salvador; e que assim, tomando uma pequena parte em vossos sofrimentos, vós me preenchais inteiramente com vossa glória, na qual viveis com o Pai e o Espírito Santo, pelos séculos dos séculos. Que assim seja.

Fim

---

[14] Lc 24, 38-39; Jo 20, 24-29.
[15] Cl 1, 24.
[16] Gl 2, 20: "Já não sou eu que vivo, mas é Cristo que vive em mim".

Comparação dos cristãos dos primeiros tempos com os de hoje

A Comparação dos cristãos dos primeiros tempos com os de hoje confronta os cristãos do passado com os do presente, mas não de modo tão amplo como parece indicar o título; título, aliás, inexistente no original: o que hoje se adota é aquele dado por Harvet, alterando levemente o que havia sido proposto por Bossut, quando a obra foi pela primeira vez publicada em 1779. A rigor, a Comparação está centrada no batismo, na maneira de se tornar um filho da Igreja. Acerca dos manuscritos que contêm o opúsculo (são três as fontes principais), é desnecessário dizer que há variações textuais, mas convém ressaltar que existem diferenças significativas na ordem dos parágrafos. Quanto à datação, reinam as inevitáveis incertezas. Baseando-se no tom do texto e em algumas curtas passagens consideradas eminentemente teológicas, J. Mesnard data-o de 1657.

Comparação dos cristãos dos primeiros tempos com os de hoje

Nos primeiros tempos, viam-se apenas cristãos perfeitamente consumados em todos os pontos necessários à salvação.

Ao passo que hoje se vê uma ignorância tão grosseira que ela faz gemer todos que têm sentimentos de ternura pela Igreja.

Então se entrava na Igreja apenas depois de grandes trabalhos e de longos desejos.

Agora nela se está sem nenhum esforço, sem cuidado e sem trabalho.

Não se era admitido nela senão depois de um exame muito minucioso.

Agora nela se é recebido antes de se estar em condição de ser examinado.

Então se era recebido nela apenas depois de se ter abjurado sua vida passada, depois de se ter renunciado ao mundo e à carne e ao diabo.

Agora nela se entra antes que se esteja em condição de fazer quaisquer dessas coisas.

Enfim, outrora era preciso sair do mundo para ser recebido na Igreja.

Ao passo que hoje se entra na Igreja ao mesmo tempo que no mundo.

Conhecia-se, então, por meio desse procedimento uma distinção essencial entre o mundo e a Igreja. Eles eram considerados como dois contrários, como dois inimigos irreconciliáveis, dos quais um persegue o outro continuamente e dos quais o aparentemente mais fraco deve um dia triunfar sobre o mais forte, de modo que, desses dois partidos contrários, deixava-se um para entrar no outro; abandonavam-se as máximas de um para abraçar as máximas do outro; despia-se dos sentimentos de um para se revestir dos sentimentos do outro.

Enfim, deixava-se, renunciava-se, abjurava-se o mundo, onde se havia recebido o primeiro nascimento, para se devotar totalmente à Igreja, onde se obtinha como que o segundo nascimento; e assim se concebia uma diferença assustadora entre um e outro.

Ao passo que agora se está quase ao mesmo tempo num e noutro; e o mesmo momento que nos faz nascer no mundo nos faz renascer na Igreja, de modo que a razão superveniente não faz mais distinção entre esses dois mundos tão contrários. Ela se forma num e noutro conjuntamente. Frequentam-se os sacramentos e gozam-se prazeres desse mundo.

E, assim, ao passo que outrora se via uma distinção essencial entre um e outro, veem-se agora os dois confundidos e misturados, de modo que quase não se os discerne mais.

Disso decorre que outrora se via entre os cristãos apenas pessoas muito instruídas.

Ao passo que agora elas estão numa ignorância que causa horror.

Disso decorre que outrora os que haviam renascido pelo batismo e que haviam deixado os vícios do mundo para entrar na piedade da Igreja muito raramente recaíam da Igreja no mundo.

Ao passo que agora não se vê nada mais comum do que os vícios do mundo no coração dos cristãos.

A Igreja dos santos se encontra agora toda manchada pela mistura dos maus; e seus filhos, que ela concebeu, orientou e nutriu desde a infância em seu ventre, são os mesmos que levam ao seu coração, isto é, até a participação em seus mais augustos mistérios, o mais cruel de seus inimigos, isto é, o espírito do mundo, o espírito de ambição, o espírito de vingança, o espírito de impureza, o espírito de concupiscência. E o amor que ela tem por seus filhos a obriga a admitir até em suas entranhas o mais cruel de seus perseguidores.

Contudo, não é à Igreja que se devem imputar os males que se seguiram à mudança de tão salutar disciplina, pois ela não mudou de espírito, embora tenha mudado de conduta. Tendo visto, pois, que a postergação do batismo deixava um grande número de crianças na maldição de Adão, ela quis livrá-las dessa massa de perdição adiantando o auxílio que lhes dá. E essa boa mãe não vê senão com um extremo pesar o que ela ofereceu para a salvação de suas crianças tornar-se a ocasião da perda dos adultos.

Seu verdadeiro espírito é que aqueles que ela retira, numa idade tão tenra, do contágio do mundo passem a ter sentimentos totalmente opostos aos do mundo. Ela se antecipa ao uso da razão para prevenir os vícios aos quais a razão corrompida conduziria; e, antes que o espírito deles possa agir, ela os preenche com seu espírito a fim de que vivam numa ignorância do mundo e num estado tão afastado do vício que jamais o teriam conhecido.

Isso se vê nas cerimônias do batismo, pois ela concede o batismo às crianças apenas depois de declararem, pela boca dos padrinhos, que o desejam, que creem, que renunciam ao mundo e a Satã. E, como quer que conservem essas disposições em todo o curso de suas vidas, ela expressamente manda observá-las de maneira inviolável e ordena aos padrinhos por um mandamento indispensável instruir as crianças sobre todas essas coisas, pois não deseja que aqueles que nutriu em seu seio desde a infância estejam hoje menos instruídos e sejam menos zelosos do que aqueles que outrora admitia no número dos seus. Ela não deseja uma perfeição menor nos que nutre do que nos que recebe.

Entretanto, ele é usado de uma maneira tão contrária à intenção da Igreja que não se pode pensar nisso sem horrorizar-se. Quase não se faz mais reflexão sobre um tão grande benefício porque jamais o desejamos, porque jamais o pedimos, porque sequer nos lembramos de tê-lo recebido, <porque não nos lembramos de nos ter obrigado pelo voto...>[1]

Contudo, como é evidente que a Igreja não requisita menos zelo daqueles que foram formados como irmãos na fé[2] do que daqueles que aspiram a tornar-se, é preciso colocar diante dos olhos o exemplo dos catecúmenos, considerar seu ardor, sua devoção, seu horror pelo mundo,

---

[1] Essa frase encontra-se apenas no manuscrito de Sainte-Beuve e nele está riscada.
[2] Gl 6, 10.

sua corajosa[3] renúncia ao mundo; e, se não eram julgados dignos de receber o batismo sem essas disposições, aqueles que não as encontram em si.[4]

É preciso, portanto, que eles se submetam a receber a instrução que teriam tido se começassem a entrar na comunhão da Igreja; e é preciso, ademais, que se submetam a uma penitência tal que não tenham mais vontade de rejeitá-la e que tenham menos aversão pela austeridade de sua mortificação do que encontrem encantamentos no uso das delícias viciosas do pecado.

Para dispô-los a se instruir, é preciso lhes fazer entender a diferença dos costumes que foram praticados na Igreja no curso da diversidade dos tempos. <É preciso que coloquem diante dos olhos o exemplo dos catecúmenos e que considerem seu ardor, sua devoção, seu horror pelo mundo, sua corajosa renúncia a todas as suas pompas, pois, se estes não eram julgados dignos de receber o batismo sem essas disposições, é justo que aqueles que não as encontram em si depois de o ter recebido façam todos os esforços para formar sentimentos tão corajosos, submetendo-se a uma penitência salvífica pelo resto de seus dias, e que tenham menos aversão por uma vida totalmente crucificada do que encontrem encantamentos no uso das delícias viciosas do pecado.>

---

[3] No original, *généreux*. Esse termo tem a acepção de "pródigo", "liberal" ou "generoso", mas possui também o sentido de "bravo", "intrépido" ou "corajoso", que parece predominar nesta e nas duas outras ocorrências presentes na *Comparação*.

[4] "Não devem fazer todos os esforços para formar sentimentos tão corajosos?" Complemento proposto por J. Mesnard a partir de uma passagem similar, presente apenas no manuscrito do Abade Périer, que se encontra indicada adiante entre os sinais de menor e maior.

Que na Igreja nascente ensinava-se aos catecúmenos, isto é, àqueles que aspiravam ao batismo, antes de conferi-lo a eles; e eles eram admitidos nela apenas depois de uma plena instrução nos mistérios da religião, depois de uma penitência de sua vida passada, depois de um grande conhecimento da grandeza e da excelência da profissão da fé e das máximas cristãs às quais desejavam aderir para sempre, depois de apresentar marcas eminentes de uma verdadeira conversão do coração e depois de um desejo extremo pelo batismo. Sendo essas coisas conhecidas por toda a Igreja, conferia-se a eles o sacramento da incorporação pelo qual se tornavam membros da Igreja.

Ao passo que, nestes tempos, tendo o batismo sido concedido às crianças antes do uso da razão por considerações muito importantes, ocorre que a negligência dos pais deixa os cristãos envelhecerem sem conhecimento algum da grandeza de nossa religião.

Quando a instrução precedia o batismo, todos eram instruídos.

Contudo, agora que o batismo precede a instrução, o aprendizado que era necessário para o sacramento tornou-se voluntário e, em seguida, foi negligenciado e, enfim, quase abolido.

A verdadeira razão dessa conduta é que se está persuadido da necessidade do batismo e não da necessidade da instrução, de modo que, quando a instrução precedia o batismo, a necessidade de um fazia com que se recorresse ao outro necessariamente.

Ao passo que hoje, o batismo precedendo a instrução, como se é feito cristão sem ter sido instruído, crê-se poder permanecer cristão sem se fazer instruir.

E, ao passo que os primeiros cristãos testemunhavam enorme reconhecimento com relação à Igreja por uma graça que ela concedia apenas por suas longas orações, eles testemunham hoje enorme ingratidão por essa mesma graça que ela lhes concede antes mesmo que estivessem em condição de pedi-la.

E, se ela detestava tão fortemente as quedas dos primeiros, embora bastante raras, quanto deve ela abominar as quedas e recaídas contínuas dos últimos, embora lhe sejam muito mais devedores, pois ela os tirou bem mais cedo e bem mais liberalmente da danação à qual estavam vinculados pelo primeiro nascimento.

Ela não pode ver sem gemer o abuso da maior de suas graças, e que o que ela fez para lhes assegurar a salvação torne-se a ocasião quase certa da sua perda, pois ela não...

Escrito sobre a assinatura do formulário

Com o crescimento da oposição aos jansenistas, estabeleceu-se a obrigação de que assinassem um formulário no qual condenariam as chamadas cinco proposições de Jansênio, todas tidas como heréticas. Resultado de um debate iniciado ainda em 1650, essa obrigação foi enfim instituída em 1º de fevereiro de 1661 e resultou na ordem de 8 de junho de 1661. Entretanto, quando uma segunda elaboração da ordem, datada de 31 de outubro do mesmo ano, não mais exprimia a distinção entre fato e direito a que os jansenistas se atinham em sua defesa, ocorreu um desacordo entre eles próprios – notadamente Arnauld e Nicole, de um lado, Pascal e Domat, de outro – que ficou registrado numa série de textos cujo ponto de partida é o Escrito *de Pascal, redigido em meados de novembro de 1661, segundo J. Mesnard. Apesar de sua importância (ou talvez por causa dela), seu original foi queimado e dele não resta versão alguma, exceto pelo que se pode reconstituir a partir da minuciosa refutação realizada por Nicole, a qual se encontra preservada no manuscrito 140 da biblioteca municipal de Clermont-Ferrand, fonte fundamental para o estabelecimento do texto. Em 1667, Chamillard publicou excertos do* Escrito, *mas a mistura de citação, alusão e resumo, como aponta J. Mesnard, torna essa edição menos confiável. Segundo alguns testemunhos, Pascal teria redigido ainda um* Grande escrito sobre a assinatura, *irremediavelmente perdido.*

Escrito

sobre a assinatura dos que subscrevem às constituições[1]
desta maneira: Subscrevo a essas constituições apenas no que

---

[1] Pascal se refere às seguintes constituições ou bulas papais (*constitutions* e *bulles* são usadas indiferentemente): *Cum occasione* do Papa Inocêncio X datada de 31 de maio de 1653 e *Ad sacram* do Papa Alexandre VII de 16 de outubro de 1656. O formulário (*formulaire* ou *formule*) que deveria ser assinado encontrava-se ao final de outro tipo de documento, escrito pelos vigários gerais da arquidiocese de Paris, mencionado no *Escrito*: ordem (*mandement* ou *ordonnance*). Houve três ordens: a 1ª, datada de 8 de junho de 1661; a 2ª, de 31 de outubro de 1661; a 3ª, de 30 de junho de 1662. Todas as três, embora diferentes, mantiveram intacto o teor do formulário: "Eu me submeto sinceramente à constituição do Papa Inocêncio X de 31 de maio de 1653 conforme seu verdadeiro sentido, que foi determinado pela constituição de nosso Santo Padre, Papa Alexandre VII, de 16 de outubro de 1656. Reconheço que sou obrigado por consciência a obedecer a essas constituições e condeno de coração e de boca a doutrina das cinco proposições de Cornélio Jansênio, contidas em seu livro intitulado *Augustinus*, que esses dois papas e os bispos condenaram; doutrina que não é a de Santo Agostinho, que Jansênio explicou mal, contrariando o verdadeiro sentido desse santo doutor" (PASCAL, v. IV, p. 1072).

diz respeito à fé, ou simplesmente: Subscrevo às constituições tocantes à fé, quoad dogmata.²

Toda a questão estando hoje nestas palavras, *condeno as cinco proposições*³ *no sentido de Jansênio* ou *a doutrina de*

---

² "Concernente aos dogmas". Pascal e Domat tanto quanto Arnauld e Nicole posicionaram-se a favor da assinatura do formulário, mas discordavam quanto à restrição que deveria acompanhá-la. Ao contrário de Arnauld e Nicole, Pascal e Domat pensavam que era necessário atestar expressamente que não se aderia ao fato, isto é, à afirmação de que as cinco proposições – de direito heréticas – estavam no *Augustinus* de Jansênio. A declaração que as religiosas de Port-Royal acrescentaram ao formulário, elaborada pela irmã Angélique de Saint-Jean e Arnauld, não continha formalmente essa distinção. Eis sua parte central: "Considerando que, na ignorância em que estamos de todas as coisas que estão acima de nossa profissão e de nosso sexo, tudo que podemos fazer é prestar testemunho da pureza de nossa fé, declaramos de muito bom grado pela nossa assinatura que, estando submetidas com um respeito bastante profundo a nosso Santo Pai, o Papa, e nada tendo de precioso senão a fé, abraçamos sinceramente e de coração tudo que Sua Santidade e o Papa Inocêncio X declararam a seu respeito e rejeitamos todos os erros que julgaram ser contrários a ela" (PASCAL, 1992, v. IV, p. 1172). Quando, porém, foi instituída a 3ª ordem, estabeleceu-se que era preciso assinar o formulário "simplesmente e sem restrição ou adição" (PASCAL, 1992, v. IV, p. 1454).

³ As cinco proposições são as seguintes, conforme constam da bula *Cum occasione*: "1. Alguns mandamentos de Deus são impossíveis para os homens justos, mesmo querendo e se esforçando, segundo as forças presentes de que dispõem; falta-lhes também a graça pela qual tornar-se-iam possíveis. 2. No estado de natureza decaída, não se resiste nunca à graça interior. 3. Para merecer ou desmerecer, no estado de natureza decaída, não se procura no homem a liberdade da necessidade, bastando a liberdade da coação. 4. Os semipelagianos admitiam a necessidade da graça interior precedente a cada ato, e também ao início da fé; e eram hereges pelo fato de quererem que aquela graça fosse tal que a vontade humana pudesse ou resistir ou obedecer a ela. 5. É semipelagiano dizer que Cristo morreu ou derramou seu sangue por todos os homens sem exceção" (DENZINGER, H.; HÜNERMANN, P. *Compêndio dos símbolos,*

Jansênio sobre as cinco proposições, é de extrema importância ver de que maneira se subscreve a elas.

É preciso primeiramente saber que, na verdade das coisas, não há diferença entre condenar a doutrina de Jansênio sobre as cinco proposições e condenar a graça eficaz, Santo Agostinho, São Paulo.

É por essa única razão que os inimigos dessa graça se esforçam para fazer passar essa cláusula.

É preciso saber ainda que a maneira adotada para se defender das decisões do papa e dos bispos que condenaram essa doutrina e esse sentido de Jansênio foi de tal modo sutil que, ainda que seja verdadeira no fundo, foi tão pouco nítida e tão tímida que não parece digna dos verdadeiros defensores da Igreja.

O fundamento dessa maneira de se defender foi dizer que há nessas expressões um fato e um direito; e que se promete a crença em um e o respeito por outro.

Toda a disputa reside em saber se há um fato e um direito separado ou se há apenas um direito; isto é, se o sentido de Jansênio que nelas está expresso não faz outra coisa senão marcar o direito.

O papa e os bispos estão de um lado e pretendem que é um ponto de direito e de fé dizer que as cinco proposições são heréticas no sentido de Jansênio; e Alexandre VII declarou em sua constituição *que, para estar na verdadeira fé, é preciso dizer que as palavras "sentido de Jansênio" apenas exprimem o sentido herético das proposições* e que, assim, é um fato que implica um direito e que constitui uma porção essencial da profissão de fé, como

---

definições e declarações de fé e moral da Igreja Católica. Tradução de José Marino Luz, Johan Konings. São Paulo: Paulinas/Loyola, 2007: 2001-2005 – tradução revista por F. Fortes.).

quem diria: "o sentido de Calvino sobre a eucaristia é herético", o que, certamente, é um ponto de fé.

E um número muito pequeno de pessoas, que a toda hora fazem pequenos escritos volantes, dizem que esse fato está, por sua natureza, separado do direito.

É preciso enfim observar que essas palavras *fato* e *direito* não se encontram nem na ordem, nem nas constituições, nem no formulário, mas somente em alguns escritos que não têm qualquer relação necessária com a assinatura; e a partir disso tudo examinar a assinatura que podem dar por consciência os que creem estar obrigados por consciência a não condenar o sentido de Jansênio.

Minha opinião a esse respeito é que, como o sentido de Jansênio foi expresso na ordem, nas bulas e no formulário, é preciso necessariamente excluí-lo formalmente com a assinatura; sem isso não se cumpre o dever. Pois pretender que basta dizer que se crê apenas no que é da fé para pretender ter marcado suficientemente com isso que não se condena o sentido de Jansênio, pela única razão de que se imagina que há aí um fato que está separado do direito, é uma pura ilusão: pode-se dar disso muitas provas.

Esta é suficiente: que o fato e o direito sendo coisas de que não se fala de maneira alguma em tudo que se assina, essas duas palavras não têm de modo algum relação suficiente uma com a outra para fazer que seja necessário que a expressão de um implique a exclusão do outro.

Se fosse dito na ordem ou nas constituições ou no formulário que é preciso não somente crer na fé, mas também no fato; ou que o fato e o direito fossem igualmente propostos à subscrição; e que, enfim, essas duas palavras *fato* e *direito* estivessem bem formalmente marcadas, poder-se-ia talvez dizer que, simplesmente indicando que se submete ao direito, marca-se suficientemente que não se submete ao outro. Contudo, como essas duas palavras são vistas apenas em nossas conversas e em alguns escritos completamente separados das constituições, os quais podem perecer e a assinatura subsistir; e como eles não são relativos nem opostos um ao outro: nem na natureza da coisa, em que a fé não está naturalmente oposta ao fato, mas ao erro, nem no que se faz assinar, é impossível pretender que a expressão da fé implique necessariamente a exclusão do fato.

Pois, ainda que, dizendo que se acolhe apenas a fé, marque-se com isso que há alguma outra coisa que não é acolhida, não se segue que essa outra coisa que não é acolhida seja necessariamente o sentido de Jansênio; e isso se pode entender em muitas outras coisas, como nos relatos que são feitos na exposição e nas proibições de ler e de escrever.

Ademais, ocorre que, sendo aqui a palavra *fé* extremamente equívoca, uns pretendendo que a doutrina de Jansênio implique um ponto de fé, outros que é apenas um puro fato, é indubitável que, dizendo simplesmente que se acolhe a fé, sem dizer que não se acolhe o ponto da doutrina de Jansênio, não se marca com isso que ele não é acolhido, mas antes marca-se com isso que ele é acolhido; pois a intenção pública do papa e dos bispos é fazer acolher a condenação de Jansênio como uma coisa de fé, todo mundo dizendo-o publicamente e ninguém ousando dizer publicamente o contrário.

Está fora de dúvida que essa profissão de fé é ao menos equívoca e ambígua e, por conseguinte, má.

Daí concluo que os que assinam puramente o formulário sem restrição assinam a condenação de Jansênio, de Santo Agostinho e da graça eficaz.

Concluo em segundo lugar que quem excetua a doutrina de Jansênio em termos formais salva de condenação tanto Jansênio quanto a graça eficaz.

Concluo em terceiro lugar que os que assinam falando apenas da fé, não excluindo formalmente a doutrina de Jansênio,[4] tomam uma via média, que é abominável perante Deus, desprezível perante os homens e inteiramente inútil àqueles que se quer fazer perder pessoalmente.

---

[4] A referência aqui é à posição defendida por Arnauld e Nicole (cf. GOUHIER, H. *Blaise Pascal: Commentaires*, 1984, p. 312-313). O parágrafo anterior, por sua vez, contém a de Pascal.

Este livro foi composto com tipografia Bembo e impresso
em papel Off-White 80 g/m² na Formato Artes Gráficas.